KÖNIGS ERLÄUTERUNGEN
Band 463

Textanalyse und Interpretation zu

Arthur Schnitzler

LIEUTENANT GUSTL

Horst Grobe

Alle erforderlichen Infos für Abitur, Matura, Klausur und Referat
plus Musteraufgaben mit Lösungsansätzen

Bange Verlag

Zitierte Ausgaben:
Schnitzler, Arthur: *Leutnant Gustl. Fräulein Else*. Husum/Nordsee: Hamburger Lesehefte Verlag, 2010 (= Hamburger Leseheft Nr. 211, Heftbearbeitung: Maike Barth). Zitatverweise sind mit **HL** gekennzeichnet.
Schnitzler, Arthur: *Lieutenant Gustl*. Stuttgart: Philipp Reclam jun., durchgesehene Ausgabe 2009 (= RUB 18156). Zitatverweise sind mit **R** gekennzeichnet.

Über den Autor dieser Erläuterung:
Horst Grobe, Jahrgang 1944, Studium der deutschen und englischen Philologie, der Philosophie und der allgemeinen Sprachwissenschaften (Bonn 1963–69), Fremdsprachenassistent in Großbritannien (1966/67), Referendariat (Aachen 1969/70), Tätigkeit im gymnasialen Schuldienst in Nordrhein-Westfalen in verschiedenen Funktionen 1969–2006, Dr. phil. (Bochum 1993).

1. Auflage 2011
ISBN 978-3-8044-1944-5

Titelbild: Riesenrad im Wiener Prater © iStockphoto
Druck und Weiterverarbeitung: Tiskárna Akcent, Vimperk

1. DAS WICHTIGSTE AUF EINEN BLICK – SCHNELLÜBERSICHT

Für einen schnellen Überblick werden hier einige Hinweise gegeben.

⇨ S. 10 ff.

Im zweiten Kapitel wird die **Biografie Arthur Schnitzlers** beschrieben und in den zeitgenössischen politischen und geistesgeschichtlichen Kontext gestellt. Das Lebensgefühl ist durch Vereinzelung, Melancholie und Lebensmüdigkeit, aber auch durch Ästhetizismus und den Genuss der Schönheit gekennzeichnet. Es korrespondiert in politischer Hinsicht mit dem **Untergang des alten Österreich**, der Bedeutungslosigkeit des liberalen Bürgertums und dem Aufkommen des Antisemitismus.

Im intellektuellen Bereich entspricht dem der Positivismus mit seiner Abneigung gegen jegliche metaphysische Spekulation und die Beschränkung auf nachweisbare Tatsachen und Experimente. Vor diesem Hintergrund entwickelt **Sigmund Freud** seine Psychoanalyse.

Zwischen Freund und Schnitzler gibt es viele Berührungspunkte. Beide interessieren sich für das Seelenleben, aber sie entwickeln ihre Gedanken unabhängig voneinander. Das Interesse Arthur Schnitzlers ist ärztlicher, aber auch schriftstellerischer Art. Ihm geht es um die fundierte unmittelbare **Darstellung seelischer Vorgänge**. Daher entwickelt er selbstständig und unabhängig von Freud den inneren Monolog, der den freien Assoziationen Freuds nahe kommt, aber in einem gänzlich anderen Funktionszusammenhang steht.

Das dritte Kapitel bringt eine Textanalyse und -interpretation.

Lieutenant Gustl – Entstehung und Quellen:

Über die Entstehung der Novelle *Lieutenant Gustl* sind wir durch Schnitzlers Äußerungen gut informiert. Die **Anregung verdankt er seinem Freund Felix Salten**. Die Niederschrift erfolgte innerhalb weniger Tage. ⇨ S. 29 f.

Inhaltsangabe:

Der Protagonist **Leutnant Gustl** gerät in eine für ihn **ausweglose Lage**. Er ist satisfaktionsunfähig geworden und **aus der herrschenden Werteordnung herausgefallen**. Ehre und Duell erweisen sich als hohl und leer. Seine Ideen und Gefühle zeigen ihm keinen Ausweg. Stattdessen monologisiert er sich immer tiefer in sein Problem hinein, aus dem er schließlich durch einen ironischen Eingriff des Schicksals befreit wird. ⇨ S. 31 ff.

Chronologie und Schauplätze:

Die Handlung der Novelle ist räumlich und zeitlich genau bestimmt. Ihr Schauplatz ist Wien. Sie beginnt um 21.45 Uhr im Konzertsaal und endet um circa sechs Uhr am nächsten Tag im Kaffeehaus. Dazwischen liegt Gustls Krise. ⇨ S. 39 ff.

Aufbau:

Vier Handlungsabschnitte sind durch äußeres und inneres Geschehen, die zentralen Vorstellungen von Ehre und Duell, die kreisförmige Anordnung der Handlung und die genaue Gestaltung von Raum und Zeit aufeinander bezogen und stellen eine Einheit dar. ⇨ S. 36 ff.

Personen:

⇨ S. 43 ff.

Gustl ist der einzige Protagonist der Novelle. **Alle anderen Figuren sind neben ihm blass.** Sie dienen nur als Objekte seiner Vorurteile und Elemente der äußeren Handlung. Gegenstand des Textes sind seine Monologe in einer kritischen Situation. Daraus wird deutlich, dass Gustl nicht zu einer Persönlichkeit herangereift ist. Das Militär setzt seine Sozialisation fort. Er übernimmt dessen Denk- und Verhaltensformen, insbesondere die **Vorstellungen von Ehre und Duell**.

Stil und Sprache Schnitzlers:

⇨ S. 71 ff.

Der **innere Monolog** ist die in der Novelle vorherrschende Darstellungsform. Darin äußert Gustl seine Gedanken und Gefühle, Vorurteile und Einstellungen. In der unmittelbaren Wiedergabe wird ihre Banalität deutlich.

Die Einbettung der direkten Rede in den inneren Monolog arbeitet Gustls Konflikt heraus, der durch den Zusammenstoß mit dem Rechtsanwalt und dem Bäckermeister ausgelöst wird. Er kann seiner Duellpflicht nicht nachkommen, weil er nicht mehr satisfaktionsfähig ist. Am Ende befreit ihn der Tod des Bäckermeisters, von dem er im Gespräch mit dem Kellner im Kaffeehaus erfährt, aus seiner Situation.

Arthur Schnitzler nutzt den inneren Monolog, den er in die deutsche Literatur einführt, als **Mittel der Charakterisierung und Selbstentlarvung** der Hauptperson.

Bange Verlag

Tel. 09274 / 80 899 0
Fax 09274 / 80 899 10
service@bange-verlag.de
www.bange-verlag.de

Bitte ausreichend frankieren. Danke!

Name	Vorname
Straße / Hausnummer	Geburtsjahr
Land / PLZ	Wohnort
E-Mail	
☐ Lehrer/in Fach: ☐ Referendar/in Fach:	
☐ Schüler ☐ Eltern ☐ Sonstiges:	
Wie sind Sie auf uns aufmerksam geworden?	

☐ Ja, ich würde mich freuen, künftig über attraktive Angebote des C. Bange Verlages informiert zu werden.

Ihre Daten werden ausschließlich zu Übertragungszwecken verwendet.
Der C. Bange Verlag verkauft Ihre personenbezogenen Daten nicht an Dritte.
Wir treffen generell größtmögliche Vorkehrungen für die Sicherheit Ihrer Daten.

Antwort

C. Bange Verlag GmbH
z. Hd. Thomas Appel
Postfach 1160
96139 Hollfeld
Deutschland

Folgende Interpretationsansätze bieten sich an:

→ Interpretationen innerhalb des Textes die Struktur, die Hauptfigur und Werte betreffend. ⇨ S. 80 ff.
→ Interpretationen außerhalb des Textes in Bezug auf das Menschenbild und die Zeitkritik.
→ Vergleiche mit anderen Werken Schnitzlers oder themengleichen Werken anderer Autoren.

Das vierte Kapitel bietet einen Überblick über die zeitgenössische Rezeption von *Lieutenant Gustl.*

Rezeption der Novelle:

Arthur Schnitzler traf mit der Darstellung des Leutnants Gustl einen Nerv und die Gesellschaft schlug zurück. Die Novelle wurde skandalisiert, ihr Verfasser wurde in einem Ehrengerichtsverfahren degradiert. Der Charakter der Novelle als Kunstwerk wurde nicht berücksichtigt. Sie und ihr Autor wurden in der politischen Auseinandersetzung zwischen militärischen und antisemitischen Kreisen und dem liberalen Bürgertum instrumentalisiert. ⇨ S. 84 ff.

Im fünften Kapitel dokumentieren und diskutieren die vorgelegten Materialien wesentliche sachliche, thematische und gestalterische Aspekte, die Eingang in Schnitzlers Novelle gefunden haben: die Entstehungszeit, Gustls Sozialisation in Familie und Militär, der Leutnant als gesellschaftlicher Prototyp, die Leistung des inneren Monologs.

Arthur Schnitzler
1862–1931
© ullstein bild

2. ARTHUR SCHNITZLER: LEBEN UND WERK

2.1 Biografie

JAHR	ORT	EREIGNIS	ALTER
1862	Wien	Arthur Schnitzler am 15. Mai geboren; Vater: Professor Dr. med. Johann Schnitzler (1835–1893), Laryngologe (Kehlkopfspezialist), Direktor der Allgemeinen Wiener Poliklinik von 1880–1893, Gründer der „Internationalen Klinischen Rundschau"; Mutter: Louise Schnitzler, geb. Markbreiter (1838–1911)	
1865	Wien	Geburt des Bruders Julian (gest. 1939)	3
1867	Wien	Geburt der Schwester Gisela (gest. 1953)	5
1871–1879	Wien	Besuch des Akademischen Gymnasiums; Abschluss: Matura (Abitur)	9–17
1879–1884	Wien	Medizinstudium	17–22
1882–1883	Wien	Einjährig-Freiwilliger im Wiener Garnisonsspital Nr. 1 in Wien; Offiziersprüfung	20–21
1885	Wien	Promotion zum Dr. med.; Assistenzarzt im Allgemeinen Krankenhaus und in der Poliklinik, Abteilung Nervenpathologie; Bekanntschaft mit Sigmund Freud	23
1886	Wien	Sekundararzt in der Abteilung für Psychiatrie; Kennenlernen mit Olga Waissnix (1862–1897); regelmäßige Veröffentlichungen in literarischen Zeitschriften	24

JAHR	ORT	EREIGNIS	ALTER
ab 1887	Wien	Redakteur der „Internationalen Klinischen Rundschau"	25
1888	Berlin, London	Studienreisen nach Berlin und London	26
1889	Wien	Beginn des Verhältnisses mit der Schauspielerin Marie (Mizi) Glümer (1873–1925)	27
1890	Wien	Kennenlernen mit Hugo von Hofmannsthal (1874–1929), Felix Salten (1869–1945), Richard Beer-Hofmann (1866–1945), Hermann Bahr (1863–1934), gehört mit diesen einem Kreis der Wiener Moderne an, dem sog. Jung-Wien	28
1893	Wien	Assistent seines Vaters an der Poliklinik; nach dem Tod des Vaters Eröffnung einer Privatpraxis	31
1894	Wien	Erste Begegnung mit der Gesangslehrerin Marie Reinhard (1871–1899); Beginn des Briefwechsels mit Georg Brandes (1842–1927), dänischer Literaturkritiker, Philosoph und Schriftsteller	32
1895		Beginn des Briefwechsels mit Otto Brahm (1856–1912), Direktor des Deutschen Theaters in Berlin	33
1896	Skandinavien	Kennenlernen mit Alfred Kerr (1867–1948); Nordlandreise, dabei Besuch bei Henrik Ibsen (1828–1906)	34
1898		Fahrradtour (z. T. gemeinsam mit Hugo von Hofmannsthal) durch Österreich, die Schweiz, Oberitalien	36
1899	Wien	Tod Marie Reinhards (Blinddarmdurchbruch); erste Begegnung mit der Schauspielerin Olga Gussmann (1882–1970), seiner späteren Ehefrau	37

JAHR	ORT	EREIGNIS	ALTER
1900	Wien	Mitte Juli Entstehung des ***Lieutenant Gustl***, Erstabdruck am 25. 12. in der „Neuen Freien Presse"	38
1901	Wien	Aberkennung des Offiziersrangs wegen Veröffentlichung des *Lieutenant Gustl*	39
1902	Wien	Geburt seines Sohnes Heinrich; erster Kontakt mit Karl Kraus (1874–1936); Besuch mit Otto Brahm bei Gerhart Hauptmann (1862–1946) in Agnetendorf	40
1903	Wien	Heirat mit Olga Gussmann	41
1909	Wien	Geburt seiner Tochter Lili (gest. 1928)	47
1910	Wien	Kauf eines Hauses in der Sternwartestraße 71 im 18. Bezirk (Währing) und Einzug	48
1911	Wien	Tod der Mutter	49
1921	Wien	Scheidung, die beiden Kinder bleiben bei Schnitzler	59
1922	Wien	Erstes längeres Treffen mit Sigmund Freud	60
1923	Wien	Erster Präsident des österreichischen PEN-Clubs	61
1926	Berlin	Letztes Treffen mit Sigmund Freud	64
1928	Venedig	Freitod der Tochter Lili, der Schnitzler tief trifft	66
1931	Wien	Arthur Schnitzler stirbt am 21. Oktober an den Folgen einer Gehirnblutung; Beerdigung auf dem Wiener Zentralfriedhof	69

In der Biografie Arthur Schnitzlers sind mehrere Züge bemerkenswert, die auch in seinen Werken einen Niederschlag finden.

→ Arthur Schnitzler entstammt einer Arztfamilie. Sein Vater, Johann Schnitzler, wurde 1835 als Sohn eines Tischlers in Groß-Kanizsa in der Provinz geboren und kam als Student nach Wien. Dort schaffte er als Arzt den sozialen Aufstieg. Er wurde 1860 promoviert, heiratete 1861 Louise Markbreiter, die einer Medizinerfamilie entstammte. Ihr Vater, Dr. med. et phil. Philipp Markbreiter (1810–1892), war praktischer Arzt und begründete eine medizinische Fachzeitschrift. Johann Schnitzler wurde zum führenden Laryngologen, der besonders gern von Schauspielern und Sängern aufgesucht wurde. Er wurde Universitätsprofessor und Regierungsrat, leitete die Allgemeine Wiener Poliklinik. Der familiäre Hintergrund Arthur Schnitzlers war somit bürgerlich. Die jüdische Herkunft spielte im Alltag der Familie keine Rolle.

Entstammt einer Arztfamilie

→ Für Arthur Schnitzler war Wien Lebensmittelpunkt. Dort wurde er in der Praterstraße geboren, er kaufte sich ein Haus in der Sternwartestraße, er starb in Wien und wurde auf dem Wiener Zentralfriedhof beerdigt. Die Orte der Handlungen in seinen Stücken, Romanen und Erzählungen sind oft genau in Wien lokalisierbar, und die Sprache ist reich an Austriazismen, besonders wienerischer Provenienz.

Wien: Schnitzlers Lebensmittelpunkt

→ Arthur Schnitzler unternahm einige Reisen. Sie dienten der Gesundheit, dem Studium und der Erholung; viele Reisen waren auch seiner Tätigkeit als Schriftsteller geschuldet, wenn er mit oder zu Kollegen fuhr oder Aufführungen seiner Stücke besuchte.

→ Arthur Schnitzler folgte in Studium und Beruf dem Vorbild des Vaters. Er studierte ebenfalls Medizin, wurde sein Assistent und Redakteur seiner medizinischen Fachzeitschrift. Erst nach dem Tod des Vaters eröffnete er eine Privatpraxis. Schnitzler verfolgte die neuen Entwicklungen und berichtete darüber. Sein besonderes Interesse galt der Psychologie. Er veröffentlichte eine größere Arbeit *Über funktionelle Aphonie und deren Behandlung durch Hypnose und Suggestion*. Indem er über physische Störungen wie Kehlkopfprobleme arbeitete, bewegte er sich im selben Feld wie sein Vater, doch er wendete moderne Entwicklungen der Psychologie darauf an.

Arzt und Schriftsteller

→ Neben seiner beruflichen Tätigkeit als Arzt und fachwissenschaftlicher Redakteur war Arthur Schnitzler literarisch tätig. Er kannte und verkehrte mit den aufstrebenden Schriftstellern und schrieb und veröffentlichte schon früh erste literarische Texte. Lange Zeit liefen beide Felder, die Medizin und die Literatur, nebeneinander her, ohne dass er sich für eins entscheiden konnte. Seine Neigung galt beiden. Als Arzt stand er lange im Schatten des Vaters, als Schriftsteller brauchte er lange, um Anerkennung zu finden. Als er schließlich als Schriftsteller Erfolg hatte, behielt er seine Praxis immer noch bei.

2.2 Zeitgeschichtlicher Hintergrund

ZUSAMMEN-FASSUNG

Arthur Schnitzlers Leben und Werk ist vor dem Hintergrund der untergehenden Donaumonarchie zu sehen. Sie ist durch das ungelöste Nationalitätenproblem und die traditionalistische Erstarrung des politischen Systems charakterisiert. Das Bürgertum ist seit dem 19. Jahrhundert entpolitisiert und wiegt sich in gesellschaftlicher und wirtschaftlicher Sicherheit. Das gesellschaftliche Leben dient dem Vergnügen und ist eine Inszenierung mit Theater, Salon und Kaffeehaus als Schauplätzen. Dem politischen Untergang entsprechen das Lebensgefühl des Fin de Siècle und der Positivismus als wissenschaftliche Grundströmung.

Übersicht

POLITIK	JAHR	BIOGRAFIE	WERKE
Österreichisch-Ungarischer Ausgleich 1867: Umwandlung der österreichischen Monarchie in die österreichisch- ungarische Doppelmonarchie (k. u. k. Monarchie). Begünstigungder Ungarn gegenüber den anderen Völkern des Vielvölkerstaates. Nationalitätenkonflikte führen fast zur Unregierbarkeit.	**1862**	Arthur Schnitzler geboren	

POLITIK	JAHR	BIOGRAFIE	WERKE
„Der große Krach“: Am 9. Mai 1873 stürzten die Aktienkurse an der Wiener Börse ins Bodenlose (Gründerkrach). Auch in Deutschland und den USA stürzten die Aktienkurse ab.	**1871–1879**	Besuch des Gymnasiums, Aufnahme des Medizinstudiums	
	1879–1931	Tagebuchaufzeichnungen vom 19. März 1879 bis 19. Oktober 1931, also von seinem 17. Lebensjahr an bis zwei Tage vor seinem Tod, insgesamt über 8000 handschriftliche Seiten	
	1880		Erste Veröffentlichung: *Liebeslied der Ballerine* (Gedicht)
Dreibund zwischen Deutschland, Italien und Österreich 1882	**1882–1883**	Dienst als Einjährig-Freiwilliger und Offizierspatent	
	1885	Promotion zum Dr. med., Assistenzarzt	
	1886	Sekundararzt bei Theodor Meynert (Psychiatrie)	
	1887	Redakteur an der „Internationalen Klinischen Rundschau“	
	1888–1891		Entstehung des Einakterzyklus *Anatol*
Gründung der sozialdemokratischen Parteien in Österreich und der Schweiz; Erzherzog Rudolf von Österreich-Ungarn (* 1858) erschießt seine Geliebte und sich.	**1889**		Fachaufsatz in der „Internationalen Klinischen Rundschau“: *Über funktionelle Aphonie und deren Behandlung durch Hypnose und Suggestion*

POLITIK	JAHR	BIOGRAFIE	WERKE
	1890	Aufnahme in den Literaturkreis Jung-Wien; Kennenlernen mit Hugo von Hofmannsthal (1874–1929), Felix Salten (1869–1945), Richard Beer-Hofmann (1866–1945), Hermann Bahr (1863–1934	
	1893	Assistent seines Vaters an der Poliklinik; Beschäftigung mit Suggestion und Hypnose; Tod des Vaters; Privatpraxis	*Anatol* (Erstdruck)
	1893–1894		Entstehung des Schauspiels *Liebelei*
	1894	Erste Begegnung mit der Gesangslehrerin Marie Reinhard (1871–1899); Beginn des Briefwechsels mit Georg Brandes	Erstdruck der Novelle *Sterben*
	1895	Beginn des Briefwechsels mit Otto Brahm (1856–1912), Direktor des Deutschen Theaters in Berlin	*Liebelei* (Uraufführung: Wien, Burgtheater)
Waidhofener Beschluss (jüdische Kommilitonen für satisfaktionsunfähig erklärt, da man Juden wegen fehlender Ehre gar nicht beleidigen könne)	**1896**	Kennenlernen mit Alfred Kerr (1867–1948)	*Liebelei* (Erstdruck)
Der Antisemit Karl Lueger wird 1897 Wiener Oberbürgermeister (bis 1910)	**1896–1897**		Entstehung der Komödie *Reigen*
	1898		Entstehung der Groteske *Der grüne Kakadu*

POLITIK	JAHR	BIOGRAFIE	WERKE
	1899		*Der grüne Kakadu* (Erstdruck, Uraufführung: Wien, Burgtheater)
	1900		Entstehung und Erstdruck der Novelle *Leutnant Gustl*; *Reigen* (Privatdruck)
Die *Protokolle der Weisen von Zion* (antijüdische Fälschung der russischen Geheimpolizei; darin jüdische Tendenz zur Weltherrschaft behauptet) beeinflusst auch Antisemitismus in Österreich.	**1901**	Aberkennung des Offiziersrangs in einem Ehrenratsverfahren wegen des Verfassens und der Veröffentlichung der Novelle *Leutnant Gustl*, wodurch er die Ehre des Offiziersstandes verletzt habe	
	1903	Heirat mit Olga Gussmann (1882–1970); Bauernfeld-Preis	*Reigen* (öffentliche Buchausgabe und Uraufführung in München; nur vierter, fünfter und sechster Dialog); Entstehung des Schauspiels *Der einsame Weg*
	1904		*Der einsame Weg* (Erstdruck und Uraufführung: Berlin, Deutsches Theater); Verbot der Buchausgabe des *Reigen* in Deutschland
	1905–1912		Entstehung der Komödie *Professor Bernhardi*
Österreich-Ungarn annektiert Bosnien und Herzegowina	**1908**	Grillparzer-Preis	Erstdruck des Romans *Der Weg ins Freie*

POLITIK	JAHR	BIOGRAFIE	WERKE
	1908–1909	1909 Geburt der Tochter Lili	1908/09 Entstehung der Tragikomödie *Das weite Land*; 1908 Erstdruck der Komödie *Komtesse Mizzi oder Der Familientag* und 1909 Uraufführung: Wien, Volkstheater
	1910		*Anatol* (Uraufführung: Wien, Deutsches Volkstheater; gleichzeitig Berlin, Lessingtheater)
Regierungskrise (entstanden durch Arbeitsunfähigkeit des österreichisch-ungarischen Reichsrates wegen der Konflikte mit den Minderheiten); blutige Unterdrückung der Teuerungsunruhen in Wien	**1911**	Tod der Mutter	*Das weite Land* (Erstdruck; Uraufführung: Berlin, Lessingtheater; Breslau, Lobe-Theater; München, Residenztheater; Hamburg, Deutsches Schauspielhaus; Prag, Deutsches Landestheater; Leipzig, Altes Stadttheater; Hannover, Schauburg; Bochum, Stadttheater; Wien, Burgtheater)
Erneuerung des Dreibundes zwischen Deutschland, Österreich und Italien	**1912**		*Professor Bernhardi* (Erstdruck und Uraufführung: Berlin, Kleines Theater; Verbot der Uraufführung des *Professor Bernhardi* in Wien durch die Zensur); Erscheinen der *Gesammelten Werke* anlässlich des 50. Geburtstages
Erster Weltkrieg	**1914–1918**		

POLITIK	JAHR	BIOGRAFIE	WERKE
Tod des Kaisers Franz Joseph I. (regierte seit 1848), Nachfolger: Karl I., Großneffe Franz Josephs	**1916**		
Thronverzicht Kaiser Karls I.	**1918**		*Professor Bernhardi* (Uraufführung am Wiener Volkstheater)
1919–1938 I. Republik Österreich	**1920**		*Reigen* (Uraufführung des gesamten Stücks in Berlin am Kleinen Schauspielhaus)
	1921	Scheidung; organisierter Skandal wegen Aufführungen des *Reigen* in Berlin und Aufführungsverbot; der sog. Reigenprozess vom 5.–12. November 1921 gegen die wegen Unzucht und Erregung öffentlichen Ärgernisses angezeigten Schauspieler Maximilian Sladek und Gertrud Eysoldt endete zwar mit einem Freispruch, doch nachdem auch Aufführungen in Wien und München zu organisierten Krawallen deutschnationaler, katholischer und antisemitischer Kreise geführt hatten, verbot Schnitzler weitere Inszenierungen.	
	1922	Erstes längeres Treffen mit Sigmund Freud	Erweiterung der *Gesammelten Werke* anlässlich des 60. Geburtstages

POLITIK	JAHR	BIOGRAFIE	WERKE
	1924		Erstdruck der Novelle *Fräulein Else*
	1926	Verleihung des Burgtheaterrings	Erstdruck der Novelle *Traumnovelle*
	1926–1927		Erstdruck der Novelle *Spiel im Morgengrauen*
	1928	Freitod der Tochter Lili	Erstdruck des Romans *Therese*
	1931	Tod Arthur Schnitzlers	
Deutschland: Reichstagsbrand; „Ermächtigungsgesetz"; Machtergreifung durch die Nationalsozialisten; Bücherverbrennung	**1933**	Schnitzler gehört zu den von den Nationalsozialisten indizierten Autoren, seine Werke werden verbrannt und verboten	
„Anschluss" Österreichs („Ostmark", „Alpen- und Donaugaue")	**1938**		

Historisch-politischer Hintergrund: Die Donaumonarchie

Arthur Schnitzler wurde in die Regierungszeit Franz Josephs I. (1830–1916, Regierungszeit 1848–1916) hineingeboren. Dieser war der Erbe des biedermeierlichen Regimes, dessen Ursprünge bis in den Beginn des 19. Jahrhunderts zurückreichen. Im Jahr 1804 übernahm der Habsburger Franz II., Kaiser des Heiligen Römischen Reiches Deutscher Nation (1792–1806), als Franz I. die österreichische Kaiserkrone (1804–1835), nachdem er vorher das Erzherzogtum zum Kaisertum Österreich ausgerufen hatte. 1806 dankte er unter dem Druck Napoleons als römisch-deutscher Kaiser ab; damit endete das Heilige Römische Reich, das seit dem Jahr 962 bestanden hatte und in dem Rudolf I. als erster Habsburger im Jahr 1273 zum König gekrönt worden war. Seitdem hatten

Biedermeier

Kaiserreich Österreich

die Habsburger mit ihren Angehörigen verschiedener Linien über Jahrhunderte hinweg eine bedeutende Rolle gespielt.

Metternich: Außenminister u. Kanzler

Unter Franz I. war Metternich (1773–1859) zunächst Außenminister und ab 1821 Kanzler. Mit einer geschickten Außenpolitik, insbesondere durch die Ergebnisse des Wiener Kongresses (1815), führte er das Kaisertum Österreich aus der Niederlage heraus und verhalf ihm zu einem neuen Gewicht in der europäischen Politik. Der Macht nach außen entsprach die Stärke nach innen, deren Grundlagen Bürokratie und Polizei waren. Das Bürgertum genoss die vermeintliche Sicherheit und enthielt sich eigener politischer Aktivitäten.

Auf Franz I. und Ferdinand I. (1835–1848) folgte nach der niedergeschlagenen Revolution von 1848 Franz Joseph I. Ihn nahm sich das Bürgertum zum Vorbild. Er war die Klammer, die alles zusammenhielt. Ohne politische Vision für das Reich auf dem Weg von der vorindustriellen Gemeinschaft in die industrielle Gesellschaft hinein, versah er sein Amt mit Fleiß und Routine. Dabei waren Aristokratie, Bürokratie, Militär, Kirche und Universitäten die Mittel, deren er sich für die Ausübung der Macht bediente. Das blieb auch so, als sich im Zusammenhang mit dem ungelösten Nationalitätenproblem die Grundlagen des Staatswesens änderten: das Kaisertum Österreich (1804–1867) wurde durch die Doppelmonarchie Österreich-Ungarn (1867–1918) abgelöst. Staat und Monarchie schienen schon immer vorhanden zu sein und alle Bereiche des Lebens segensreich zu lenken. In der Regierungszeit Franz Josephs I. (1848–1916) wurde die Herrschaft Habsburgs vollends zum Mythos mit der Folge, dass die Zeit nach dem Ersten Weltkrieg als Vertreibung aus dem Paradies empfunden wurde.

Ungelöstes Nationalitätenproblem

Doppelmonarchie Österreich-Ungarn

Ursachen des Niedergangs

Dabei war der Zusammenbruch vorhersehbar und zwangsläufig. Das sahen auch die Kritiker, die auf lange Sicht ohne Hoffnung waren, auf kurze Sicht jedoch herrschte das Gefühl der Sicherheit und führte im Bereich von Kultur und Unterhaltung zu Höchstleistungen. Grundlage des politischen und öffentlichen Lebens in Gesellschaft und Kultur war ein Traditionalismus, der kaum andere Gedanken oder gar Reformen aufkommen ließ.[1]

Traditionalismus

Maßgeblich war der Hof. Der Kaiser hielt nichts von modernen Errungenschaften wie Telefon, Eisenbahn, Auto oder elektrischem Licht. Das Leben bei Hofe wurde vom Spanischen Hofzeremoniell bestimmt. Hoffähig waren nur die Angehörigen der Aristokratie. Es wurde streng darüber gewacht, dass sie mindestens 16 aristokratische Vorfahren hatten. Der niedere Adel war nicht hoffähig.

Bürokratie

Die Umsetzung der Macht erfolgte durch die Bürokratie und einen zuverlässigen Beamtenapparat. Seine Angehörigen erfreuten sich eines bescheidenen, aber sicheren Einkommens und regelmäßiger Beförderungen. Die Leiter von Behörden und ihrer Abteilungen konnten zum Hofrat ernannt werden oder den erblichen Titel „Edler" erlangen. Die bürokratische Behandlung von Vorgängen durch Gleichförmigkeit und Schriftlichkeit durchdrang alle Bereiche des öffentlichen Lebens, auch Wissenschaft und Kultur. Eine gewisse Lockerung des starren Gefüges wurde durch Schlamperei und Protektion bewirkt.

Militär

Die Armee war eine weitere Säule der Herrschaft. An ihrer Spitze standen Erzherzöge, Kommandeure waren mittellose Adlige; erst später konnten fähige Armeeangehörige in das Offizierkorps aufsteigen. Die höheren Dienstränge waren hoffähig. Ab 1868 herrschte eine allgemeine Wehrpflicht von drei Jahren. Studenten brauchten nur ein freiwilliges Jahr zu leisten. Das Leben der Soldaten wurde durch einen Ehrenkodex reguliert. Die Freizeit vertrieb man sich fern der Hauptstadt gern mit Spiel. Dienstsprache war

Ehrenkodex

---

1 Die maßgeblichen Kräfte, die den Niedergang verursachten, und ihre Wirkung in den gesellschaftlichen Institutionen stellt William M. Johnston in seiner Untersuchung *Österreichische Kultur- und Geistesgeschichte. Gesellschaft und Ideen im Donauraum 1848–1938* dar, auf welcher der nachfolgende Überblick fußt.

Deutsch, auch dann, wenn die gesamte Einheit nur aus Angehörigen einer anderen Nationalität bestand.

Die Armee war im Kern eine Friedensarmee, die eine gesellschaftlich repräsentative Funktion erfüllte und militärisch wenig wirksam war.

Auch die Kircheund das Erziehungswesen waren Teil des bürokratischen Systems, das dem Traditionalismus verpflichtet war.

Ästhetizismus, Positivismus und Impressionismus

Außer dem Bürokratismus nennt William M. Johnston Ästhetizismus, Positivismus und Impressionismus als Kräfte, welche die geistigen Grundlagen bestimmten.

Seit dem Barock waren die diesseitige Freude, Feste und Selbstdarstellung Züge des öffentlichen Lebens gewesen. Sie gediehen besonders prächtig im 19. Jahrhundert, in dem das Bürgertum kein Interesse an Politik entwickeln konnte und wollte, zumal die finanzielle Sicherheit gesichert zu sein schien. Der gesellschaftliche Umgang wurde als Vergnügen für sich selbst und andere inszeniert, wobei Salons die Bühne und Etikette die Ausdrucksformen waren. Dabei galten für Männer und Frauen unterschiedliche Werteordnungen, die es zu befolgen galt. Weitere Orte des gesellschaftlichen Verkehrs waren das Theater, das Kaffeehaus, die Ausstellung. Neben Schauspiel, Oper und Operette sowie Malerei blühte das Feuilleton auf. Zugleich mit der Fülle des Lebens beherrschte viele Intellektuelle eine Todesfaszination.Auch junge Leute verübten in großer Zahl Selbstmord. Beide Einstellungen zielen trotz ihres Gegensatzes auf den augenblicklichen Lebensgenuss.

Todesfaszination

Geistiger Hintergrund

Für das Lebensgefühl der Zeit sind viele Bezeichnungen gefunden worden. Das Bewusstsein des zu Ende gehenden Jahrhunderts ist im Begriff Fin de Siècle deutlich, die Wahrnehmungsweise ist

Fin de Siècle

mit der Bezeichnung Impressionismus angesprochen. Die Bezeichnungen verweisen darauf, dass der Mensch durch Vereinzelung und sein Lebensgefühl durch Melancholie und Lebensmüdigkeit, aber auch durch Ästhetizismus und den Genuss der Schönheit gekennzeichnet sind. Sie korrespondieren in politischer Hinsicht mit dem Untergang des alten Österreich, der Bedeutungslosigkeit des liberalen Bürgertums und dem Aufkommen des Antisemitismus.

Im intellektuellen Bereich entspricht dem der Positivismus mit seiner Abneigung gegen jegliche metaphysische Spekulation und die Beschränkung auf nachweisbare Tatsachen und Experimente. Das impressionistische Lebensgefühl wird auch in der Philosophie von Ernst Mach (1838–1916) deutlich. Ihm geht es darum, Aussagen nur auf empirischer Grundlage zu machen und auf Metaphysik zu verzichten. Der Überprüfung hält nur stand, was im Augenblick ist. Daher gibt es keine konstante Person, keinen Charakter. Das Ich besteht nur im Augenblick und wird bestimmt durch Stimmung, Gefühl, Assoziation, Erinnerung. Für die Psyche heißt das, dass sie Empfindung ist. Zentral für Machs Philosophie ist der Begriff der Empfindung, der auch im Titel seines Hauptwerks enthalten ist: *Die Analyse der Empfindungen* (1886). Leben stellt sich demnach dar als Abfolge von Gefühlen und Augenblicken ohne Entwicklung und Konstanz.

Philosophie von Ernst Mach

In einem solchen Umfeld hatten es andere Ansätze schwer, sich durchzusetzen. Das gilt auch für die Psychoanalyse Sigmund Freuds (1856–1939): Zwar erinnern seine psychischen Instanzen an die klassische Mechanik der Physik, aber sie sind keine beobachtbaren Größen, sondern nur in der Wirkung wie etwa der Neurose erfahrbar. Die Vorstellung von der Psychologie der Zeit als empirisch überprüfbare Wissenschaft wird von Sigmund Freud (1856–1939) geteilt. Zwischen ihm und Arthur Schnitzler ergeben sich Berührungspunkte. Beide richten ihr Augenmerk auf die

Freuds Psychoanalyse

Triebstruktur des Menschen, wobei die Sexualität eine herausragende Rolle spielt. Beide untersuchen Traum und Hypnose als Zugangsmöglichkeiten zum Verständnis menschlichen Handelns. Beide leben und arbeiten zur selben Zeit in Wien, in wechselseitiger Wertschätzung einander distanziert beobachtend. Zwar begegnen sie sich einige Male auf gesellschaftlichem Parkett, es kommt aber kein intensiver Austausch zustande. Erst anlässlich von Arthur Schnitzlers 60. Geburtstag kommt es dazu.

Innerer Monolog: unmittelbare Darstellung seelischer Vorgänge

Sigmund Freud entwickelt in diesen Jahren seine Psychoanalyse. Sein Werk *Die Traumdeutung* erscheint 1899 symbolträchtig vordatiert mit der Jahresangabe 1900. Das Interesse Arthur Schnitzlers ist ärztlicher, aber auch schriftstellerischer Art. Ihm geht es um die fundierte unmittelbare Darstellung seelischer Vorgänge. Daher entwickelt er selbstständig und unabhängig von Freud den inneren Monolog, der den freien Assoziationen Freuds nahe kommt, aber in einem gänzlich anderen Funktionszusammenhang steht.

2.3 Angaben und Erläuterungen zu wesentlichen Werken

ZUSAMMEN-FASSUNG

Vor dem Hintergrund des untergehenden alten Österreich, der Biografie Arthur Schnitzlers und seinen verschiedenen Interessen sowie dem intellektuellen Klima der Zeit sind die Themen seiner Werke verständlich. Das Leben als Maske, Rolle und Konvention bzw. das Verhältnis von Sein und Schein wird in seiner ganzen Breite analysiert. Leben und Spiel erscheinen ambivalent: als Spiel des Lebens und das Leben als Spiel.

Der Blick als Arzt und Schriftsteller bestimmt Arthur Schnitzlers Zugriff auf die Wirklichkeit und ihre Gestaltung in Texten. Er selbst hat das „Ineinanderfließen von Ernst und Spiel, Leben und Komödie, Wahrheit und Lüge" als das Grundmotiv bezeichnet, das ihn „immer wieder, auch jenseits alles Theaters und aller Theaterei, ja über alle Kunst hinaus, bewegt und beschäftigt hat"[2].

Diese Grundthematik wird im Werk vielfältig aspektiert:

---

2 Schnitzler, Arthur: *Jugend in Wien. Eine Autobiografie.* Wien: Molden, 1968, S. 27 f.

SCHNITZLERS THEMEN

Tod

→ Im Duell (*Lieutenant Gustl, Das weite Land, Liebelei*)
→ durch Selbstmord (*Lieutenant Gustl, Spiel im Morgengrauen*)
→ durch Krankheit (*Sterben, Traumnovelle*)

Handelnde

→ Offiziere (*Spiel im Morgengrauen, Lieutenant Gustl, Das weite Land*)
→ Adel (*Der Reigen*)

Spiel

→ als Glücksspiel, Schauspiel, Lebensspiel (*Lieutenant Gustl, Spiel im Morgengrauen, Der grüne Kakadu*)

Liebe und Lust

→ Liebe und Lust als Themen (*Der Reigen, Liebelei, Traumnovelle*)

Gesellschaftliche Leere

→ Ehrbegriff (*Lieutenant Gustl*)
→ Konvention (*Das weite Land*)
→ Konversation (*Der Weg ins Freie, Liebelei*)

Antisemitismus

→ geschwundene Tragfähigkeit der Gesellschaft (*Professor Bernhardi, Lieutenant Gustl, Fräulein Else*)

Die Gruppierung wesentlicher Werke Arthur Schnitzlers nach Themen lässt noch etwas anderes erkennen. Viele Texte haben den Charakter von Studien.

→ Ein Charakter, ein Vorfall, eine Beziehung wird analysiert und diagnostiziert.
→ Es geht um das Verhältnis Traum – Leben, Liebe – Lust, Spiel – Ernst, Leben – Tod.
→ Die Untersuchungsgegenstände sind individueller Art und haben eine unübersehbare gesellschaftliche Relevanz.
→ Die Texte haben daher eine Tendenz zum Einakter, zur kurzen Erzählung, die aber auch durch Reihung und Montage aufgehoben werden kann (*Anatol, Reigen*).

3. TEXTANALYSE UND -INTERPRETATION

3.1 Entstehung und Quellen

ZUSAMMENFASSUNG

Zwischen dem ersten Einfall und der Fertigstellung der Novelle *Lieutenant Gustl* liegen nur wenige Wochen. Für die Niederschrift benötigte Arthur Schnitzler nur wenige Tage. Der Erstdruck erschien 1900 als Zeitungsbeilage. Darauf folgte die Veröffentlichung in Buchform.

Über die Entstehung der Novelle sind wir gut informiert. Schnitzler hat Ort und Entstehungszeit am Ende des Textes festgehalten: „Reichenau, 13. – 17. Juli 1900“ (R S. 45).

Anregung zur Novelle durch Felix Salten

Der Erzählkern geht auf Schnitzlers Bekannten Felix Salten zurück, der ihm berichtete, was einem Bekannten im Foyer des Musikvereinssaals passierte. Schnitzler notiert sich am 27. 5. 1900 die „Lieutenantsgeschichte“[3].

Erste Fassung

Im Nachlass ist eine erste unveröffentlichte Gestaltung des Stoffes erhalten, die mit der endgültigen Fassung schon den inneren Monolog und viele Einzelheiten gemeinsam hat. Allerdings ist der Entwurf parodistisch angelegt, so dass im Hinblick auf den Ausgang der Erzählung eine grundlegende Umarbeitung erforderlich wurde.[4]

---

3 Schnitzler, Arthur: *Tagebuch 1893–1902.* Wien: Verlag der österreichischen Akademie der Wissenschaften, 1989, S. 330 f.

4 Polt-Heinzl, Evelyne: *Erläuterungen und Dokumente. Arthur Schnitzler: Leutnant Gustl.* Stuttgart: Reclam, 2000, S. 28 f.

Über die Arbeit am Text berichtet er Hugo von Hofmannsthal in einem Brief. Er sei „mit einer ziemlich sonderbaren Novelle beschäftigt, die mir viel Freude macht“[5]. Als er schließlich die Arbeit abgeschlossen hat, notiert er am 19. 7. 1900 knapp und stolz in sein Tagebuch: „Nachm. Ltn. Gustl vollendet, in der Empfindung, dass es ein Meisterwerk“[6].

Der Erstdruck erschien am 25. 12. 1900 in der Weihnachtsbeilage der „Neuen Freien Presse“ unter dem Titel *Lieutenant Gustl*, die erste Buchausgabe erschien 1901 bei S. Fischer mit demselben Titel (ab 1914 unter dem Titel *Leutnant Gustl*) und dem Gattungszusatz *Novelle*.

---

5 Schnitzler, Arthur: *Briefe 1875–1912*, S. 387.
6 Schnitzler, Arthur: *Tagebuch 1893–1902*, S. 335.

3.2 Inhaltsangabe

ZUSAMMENFASSUNG

Lieutenant Gustl gerät in eine ausweglose Situation. Er muss sich duellieren, kann aber nicht dazu antreten, weil er durch den Zusammenstoß mit einem Zivilisten nicht mehr satisfaktionsfähig ist. Zwei Zivilisten, ein Rechtsanwalt und ein Bäkkermeister, haben hinter seine Fassade geschaut und ihn handlungsunfähig gemacht. Gustl stürzt in eine tiefe Krise, die er nicht zu Veränderungen nutzt. Er bleibt dem inhaltsleeren Ehrbegriff des Offiziersstandes verhaftet. Gustls Problem ist im Kern gesellschaftlichen Ursprungs und verweist auf falsche Werte.

Das Geschehen lässt sich in **vier Abschnitte** gliedern, die sich räumlich und zeitlich deutlich voneinander abheben.

Erster Abschnitt

Nach dem Konzert
(HL S. 5, Z. 1 – S. 12, Z. 14 / R. S. 7, Z. 1 – S. 17, Z. 13)

Im Konzertsaal wartet Gustl ungeduldig auf das Ende des Oratoriums. Er mustert einige Besucherinnen und besteht ein Blickduell mit einem Begleiter. Seine Gedanken gelten einem Duell mit einem Rechtsanwalt am nächsten Nachmittag um vier Uhr und wie es dazu kam. Durch dessen Äußerung über Offiziere fühlte sich Gustl getroffen. Nach dem Konzert kommt es an der Garderobe im Gedränge zu einem Zusammenstoß mit dem Bäckermeister Habetswallner, dessen Namen man erst am Ende der Novelle erfährt (HL S. 30 / R S. 43). Als dieser Gustl beleidigt und bedrängt, nachdem Gustl ihn seinerseits zuvor beleidigt hat, müsste Gustl als Offizier von der Ehrennotwehr gegen den nicht satisfaktionsfähigen Zivilisten Gebrauch machen. Doch dazu ist er im Augenblick nicht in der Lage, zumal der Bäckermeister wesentlich stärker ist.

Gustl erwartet ungeduldig das Ende eines Konzerts, das ihn langweilt. Er besucht es nur, weil ihm ein Kamerad, dessen Schwester im Chor mitwirkt, eine Eintrittskarte geschenkt hat und ihm seine Freundin für diesen Abend abgesagt hat. Am folgenden Nachmittag hat er ein Duell. Er ist getroffen durch eine auf einer Gesellschaft gefallene Äußerung, die er auf Grund seiner abgebrochenen Schullaufbahn auf sich bezieht, nach der nicht alle aus Patriotismus Offiziere werden.

Vorfall

Als das Konzert endlich beendet ist, gerät er an der Garderobe mit einem anderen Konzertbesucher, einem Bäckermeister, in einen Streit, dem sich ein Handgemenge anschließt, weil sich Gustl von ihm aufgehalten und als Offizier von einem Zivilisten nicht ehrerbietig genug behandelt fühlt: Nachdem er den Bäckermeister beleidigt hat, fasst ihm dieser an den Säbel, droht, ihn zu zerbrechen und die Stücke an das Regimentskommando zu schicken, und bezeichnet ihn als dummen Buben. Seiner körperlichen Stärke hat Gustl nichts entgegenzusetzen. Trotz seiner Erregung verhält sich der Bäckermeister aber trotzdem so kontrolliert, dass die Umstehenden davon nichts bemerken. Er verabschiedet sich sogar freundlich von Gustl, damit nicht der Eindruck eines Streites entsteht, da er ihm die Karriere nicht verderben wolle. Selbst Gustl ist unsicher, was denn wirklich geschehen ist.

Zweiter Abschnitt

Auf dem Weg durch die nächtliche Stadt zum Prater (HL S. 12, Z. 15 – S. 22, Z. 31 / R S. 17, Z. 14 – S. 32, Z. 7)

Nach dem Konzert gehen Gustl auf der Straße an der frischen Luft verschiedene Einschätzungen des Vorfalls und Handlungsmöglichkeiten durch den Kopf: Verharmlosung, Quittieren des Dienstes, Aus-

wandern, Selbstmord. Immer wieder schweift er ab. Er macht sich vor, dass er entschlossen ist, Selbstmord zu begehen, selbst wenn niemand von dem Vorfall erfahren sollte („Und wenn ihn heut' Nacht der Schlag trifft, so weiß ich's ... ich weiß es ... und ich bin nicht der Mensch, der weiter den Rock trägt und den Säbel, wenn ein solcher Schimpf auf ihm sitzt!", HL S. 15 / R S. 21), da er durch die unterlassene Ehrennotwehr ehrlos geworden sei, und bestimmt sogar den Zeitpunkt seines Todes. Andere Möglichkeiten (Auswanderung u. a.) zieht er zwar kurz in Erwägung, sie kommen für ihn letztendlich aber nicht in Betracht. Über die Aspernbrücke gelangt er in den Prater. Auf einer Bank sitzend, malt sich Gustl voll Selbstmitleid die Konsequenzen eines Selbstmordes aus. Schließlich schläft er ein.

Gustl verlässt den Ort des Vorfalls und bewegt sich unruhig und gedankenverloren ohne Ziel durch die nächtliche Stadt. Er befürchtet, dass doch jemand etwas mitbekommen haben könnte, und kommt zu der Einschätzung, dass der Ehrverlust als Offizier, den er nicht durch sofortige Reaktion (sog. Ehrennotwehr, d. h. hier, mit dem Säbel auf einen unbewaffneten, nicht satisfaktionsfähigen Zivilisten losgehen) abgewendet hat, seinen Selbstmord verlangt, den er sich morgens um 7 Uhr vorstellt. Er macht sich vor, den Selbstmord in jedem Falle begehen zu wollen, auch wenn niemand von dem Vorfall erfahren sollte. Er fühlt sich als Offizier wehrlos gegenüber einem nicht satisfaktionsfähigen Zivilisten und stellt sich vor, dass ihn seine Kameraden wegen des Vorfalls für nicht duellfähig halten könnten.

Angst vor sozialen Folgen

Immer wieder geht er seine gegenwärtige Situation und seine Vergangenheit durch. Er beklagt die vermeintliche Ungerechtigkeit seines Schicksals und bemitleidet sich. Ein anderer Gedanke gilt der vermuteten Reaktion der Nachwelt (Familie, Kameraden, Bekannten) auf seinen Selbstmord. Andere Möglichkeiten (Quittie-

Selbstmitleid

ren des Dienstes, Auswanderung) kommen ihm zwar auch in den Sinn, werden aber durch Selbstmitleid und Angst vor befürchteten sozialen Folgen überlagert, während er vorgibt, gegenüber seinem Schicksal gleichgültig zu sein.

Gustl sieht sich als Opfer einer unglücklichen Situation, die ihn in seiner augenblicklichen Verfassung überfordert: das Duell am folgenden Tag, die Absage der Freundin, der Geldverlust beim Kartenspiel, der dauernde Schlafmangel. Schließlich schläft er auf einer Bank im Prater ein.

Dritter Abschnitt

Aufwachen im Prater
(HL S. 22, Z. 32 – S. 28, Z. 36 / R S. 32, Z. 8 – S. 40, Z. 34)

Mit dem heraufziehenden neuen Tag erwacht Gustl auf der Parkbank. Während er die Menschen um sich herum beobachtet, wird er von heftiger Angst ergriffen. Er verspürt Hunger und macht sich auf den Weg zurück in die Stadt. Dabei geht er in eine Kirche. Die Orgelmusik erinnert ihn an das Oratorium am Abend zuvor.

Nach dem Aufwachen um 3 Uhr kreist er weiter um dieselben Gedanken und Gefühle: er fragt sich, ob es überhaupt einen Vorfall gegeben hat und wenn ja, ob ihn jemand wahrgenommen hat; er bemitleidet sich und malt sich aus, wie die Reaktion auf einen Selbstmord sein wird, wie seine Kameraden und der Bäckermeister reagieren, wie die Zeitung über ihn berichtet und wer seine Einheit bekommt. Seine größte Sorge gilt seiner tadellosen Haltung.

Er kommt an einer Kirche vorbei und geht hinein. Er stellt sich vor, wie der Pfarrer reagieren würde, wenn er ihm beichten und am Ende sagen würde, dass er sich erschießen wird. Die Orgelmusik erinnert ihn an das Oratorium vom Vorabend. Er verlässt die Kirche wieder, wobei er sich bemüht, kein Aufsehen zu erregen.

Er überlegt sich, von wem er sich eigentlich noch brieflich verabschieden könnte, und fragt sich, wie er auf 7 Uhr für seinen Tod gekommen ist.

Frühstück im Kaffeehaus
(HL S. 28, Z. 37 – S. 32, Z. 7 / R S. 41, Z. 1 – S. 45, Z. 25)

Vierter Abschnitt

Über die Ringstraße kommt er zu seinem Kaffeehaus. Vom Kellner erfährt er vom Tod des Bäckermeisters Habetswallner. Vergessen ist sein Entschluss, Selbstmord zu begehen. Es gibt keinen Zeugen für seine Unehre mehr und Gustl gewinnt seine Lebensgeister zurück. Er genießt das Frühstück und die Aussicht auf das Duell mit dem Rechtsanwalt.

Tod des Bäckermeisters

Als er Lust auf ein Frühstück verspürt, geht er ins Kaffeehaus, das gerade öffnet. Vom Kellner erfährt er, dass der Bäckermeister nach dem Vorfall um Mitternacht vom Schlag getroffen wurde, den er nicht überlebt hat. Gustl ist bei der Mitteilung, deren Einzelheiten er auf möglichst unauffälliges Befragen erfährt, elektrisiert. Er hält es für ein „Mordsglück“, dass er noch ins Kaffeehaus gekommen ist und vom Tod des Bäckermeisters erfahren hat, der Gustls Schmach niemandem mehr erzählen konnte. Gustl entscheidet sich blitzschnell um: Nachdem er sich vorgemacht hatte, dass er sich auf jeden Fall erschösse, meint er nun, dass alles in Ordnung sei, keiner wisse etwas, und damit sei auch nichts geschehen. Mit großem Behagen isst er die Semmel, die der Bäckermeister noch gebacken hat, und raucht eine gute Zigarre. In Hochstimmung nimmt er sich vor, anschließend seinen Dienst anzutreten, sich abends mit seiner Freundin zu treffen und nachmittags das Duell zu bestreiten. Voller Selbstbewusstsein kündigt er an, seinen Gegner zu Krenfleisch zu machen.

3.3 Aufbau

ZUSAMMEN-
FASSUNG

Die vier Abschnitte der Erzählung sind durch eine Vielzahl von darstellerischen Mitteln miteinander verknüpft und entwerfen Gustls Innenansicht während eines Zeitraums von acht Stunden. In einer Kreisbewegung ist er nach dem Zusammenbrechen seiner gesellschaftlichen Fassade auf sich selbst in seiner Leere zurückgeworfen, bis ihn das Schicksal ohne Einsicht oder Heilung nur durch eine ironische Pointe in den alten Stand zurückversetzt.

In Schnitzlers Text sind vier Abschnitte deutlich erkennbar. Sie sind auf vielfältige Weise miteinander verbunden.

Äußeres und inneres Geschehen

Äußeres und inneres Geschehen greifen ineinander. Ungeduldig wartet Gustl auf das Ende des Konzerts („Wie lang wird denn das noch dauern?", HL S. 5 / R S. 7). Weil er bis zum Schluss ausharren muss, bleibt ihm nur, sich in Geduld zu üben („Geduld, Geduld!", HL S. 5 / R S. 7). Mit denselben Worten weist ihn der Bäckermeister Habetswallner zurecht, als Gustl an der Garderobe drängelt. Das Gefühl, fehl am Platz zu sein, das Warten auf das Ende und die mangelnde Beachtung als Offizier durch einen Zivilisten bauen in Gustl Aggressionen auf, zumal er während der Wartezeit seine Vorurteile wieder einmal bestätigt gefunden hat. Die Aufforderung („Geduld, Geduld!") bringt Gustl ebenso in Rage wie die Äußerung des Rechtsanwalts auf der Gesellschaft, die die Duellforderung zur Folge hatte. Gustl wird beleidigend („Sie, halten Sie das Maul!", HL S. 10 / R S. 15) und handelt sich seinerseits eine Beleidigung durch den Zivilisten („Sie dummer Bub", HL S. 11 / R S. 15) und die unwürdige Behandlung ein, indem ihn dieser am Säbel festhält. Gustl ist völlig wehrlos und kommt nicht dazu, seine Ehre durch Ehrennotwehr wiederherzustellen. Somit ist er selbst satisfaktionsunfähig geworden und meint, das Duell am nächsten Nachmittag nicht regelgemäß durchführen zu können. In beiden Konfrontationen, mit dem Rechtsanwalt ebenso wie mit dem Bäckermeister, hat sich Gustls Aggression daran entzündet, dass er von Leuten durchschaut worden ist, denen er sich überlegen wähnt. Er hat sich eine Fassade aufgebaut, die durch nur eine Bemerkung zum Einsturz gebracht wird. In der Äußerung des Rechtsanwalts sieht er eine Anspielung auf seine erfolglose Sozialisation, die er durch sein militärisches Auftreten überspielt, und der Bäckermeister sieht in ihm nur einen dummen Jungen. Beide zielen darauf, dass Gustls Persönlichkeitsbildung nicht abgeschlossen ist.

„dummer Bub"

Zusammenhang der Konfrontationen

Duell und Ehre

Die gesellschaftlichen Folgen der beiden Konfrontationen heben sich auf: Gustl muss sich duellieren, darf es aber nicht, weil er ehrlos geworden ist. Die Handlungsunfähigkeit stürzt ihn in eine Krise. Doch nutzt er diese nicht. Zwar macht er sich vor, sich entsprechend dem militärischen Ehrenkodex das Leben zu nehmen, doch dazu kommt es nicht. Gustls Problem wird durch die „Fügung des Schicksals" (HL S. 31 / R S. 44 f.) gelöst. Er hat das „Mordsglück" (HL S. 31 / R S. 44), dass der Bäckermeister in der Nacht an einem Schlaganfall gestorben ist, ohne vorher über den Vorfall geredet zu haben, und dass der Hunger Gustl in das Kaffeehaus gebracht hat, wo ihm der Kellner die befreiende Nachricht mitteilt („sonst hätt' ich mich ja ganz umsonst erschossen", HL S. 31 / R S. 44). Der Zeuge seiner Schande ist nicht mehr da, die Fassade ist wiederhergestellt („Keiner weiß was, und nichts ist g'schehn!", HL

Gustl nutzt Krise nicht

Langeweile und Duell

S. 31 / R S. 44). Gustl ist wieder der Alte. Seine Aggressionen kehren zurück. Er ist ganz versessen auf das Duell mit dem Rechtsanwalt („Dich hau' ich zu Krenfleisch!", HL S. 32 / R S. 45). Der Schlusssatz verweist auf den ersten Satz der Novelle. Langeweile und Duell kennzeichnen in ihren Ursachen und Auswirkungen nicht nur Gustl als Individuum, sondern verweisen auch auf gesellschaftliche Daseinsbedingungen in der k. u. k. Monarchie.

Anfang und Ende

Schnitzlers Novelle als Kreislauf

Schnitzlers Novelle gestaltet einen Kreislauf. Gustl gerät nach dem Konzert in ein auswegloses Problem. In seinen Monolog dringt der Bäckermeister Habetswallner hinein. Ruhelos und auf sich zurückgeworfen durchstreift er das nächtliche Wien und schläft schließlich auf einer Bank im Prater ein. Nach dem Erwachen melden sich Angst und Hunger als kreatürliche Regungen, und Gustl macht sich auf den Weg zurück in die Gesellschaft. Zunächst beobachtet er das Treiben der Menschen am frühen Morgen, die Verkäuferinnen auf dem Weg ins Geschäft, die Kameraden auf dem Marsch zur Schiessstätte, die Straßenkehrer. Schließlich verlässt er den Prater und sucht sein Kaffeehaus auf, wo er die Nachricht vom Tod Habetswallners erfährt. Der Kellner dringt so wie Habetswallner in der ersten Episode in seinen Monolog ein. Der Kontakt mit der Gesellschaft, aus der sich Gustl vorübergehend zurückgezogen hat, ist wiederhergestellt. Seine monologische Existenz, die ihn bis zum Schlaf auf der Bank im Prater führt, ist wieder offen für Mitteilungen von außen.

ÄUSSERES UND INNERES GESCHEHEN

Ort und Zeit

Zeit- und Raumstruktur

Gustls Weg durch die Nacht lässt sich durch die exakten Orts- und Zeitangaben genau verfolgen. Die Handlung setzt um „viertel auf Zehn“ (HL S. 5 / R S. 7) am Abend des 4. April im Konzertsaal ein und umfasst den Zeitraum bis zum nächsten Morgen, als er ins Kaffeehaus geht („Ist's schon sechs? – Ah nein: halb – dreiviertel“, HL S. 29 /R S. 41). Die Novelle strafft das Geschehen von acht Stunden und stellt es in der Innenansicht der Hauptfigur dar. Nach

Das Geschehen in acht Stunden

dem Zusammenstoß mit dem Bäckermeister Habetswallner tritt er auf die Straße (HL S. 12 /R S. 17), kommt am Café Hochleitner (HL S. 13 /R S. 18) vorbei und irrt um 23 Uhr (HL S. 14 /R S. 19) unruhig durch die Stadt. Er überquert die Aspernbrücke (HL S. 15 /R S. 22) und gelangt mitten in der Nacht in den Prater (HL S. 17 und 21 /R S. 25 und 30), dessen zweites Kaffeehaus (HL S. 18 /R S. 26) er in der Dunkelheit erkennt. Nach Mitternacht („Es muss Mitternacht vorbei sein", HL S. 21 /R S. 30) schläft er auf einer Bank ein und wacht um drei Uhr (HL S. 22 /R S. 32) wieder auf. Als es langsam hell wird („Immer lichter", HL S. 24 /R S. 34) macht er sich auf den Weg und kommt an der Tegetthoffsäule und am Nordbahnhof vorbei, wo er um halb vier (HL S. 24 /R S. 34) auf die Uhr schaut. Er erinnert sich, dass er sich eigentlich um sieben Uhr („morgen früh um sieben Uhr", HL S. 18 /R S. 26) hat erschießen wollen, und fragt sich, ob nach Wiener Zeit oder nach Bahnzeit (HL S. 24 /R S. 34 f.). Nach dem Besuch einer Kirche (HL S. 26 / R S. 38) gelangt er zur Ringstraße (HL S. 28 /R S. 41) und geht zum Frühstücken ins Kaffeehaus (HL S. 30 /R S. 42), das gerade öffnet („Ist's schon sechs? – Ah, nein: halb – dreiviertel", HL S. 29 / R S. 41). Die Mitteilung, dass der Bäckermeister gestorben ist, bewirkt, dass seine Gedanken und Gefühle sich jetzt auf die unmittelbare Zukunft richten.

> „In einer Viertelstund' geh ich hinüber in die Kasern' und lass mich vom Johann kalt abreiben ... um halb acht sind die Gewehrgriff', und um halb Zehn ist Exerzieren. – Und der Steffi schreib' ich, sie muss sich für heut' Abend frei machen, und wenn's Graz gilt! Und Nachmittag um vier ... na wart', mein Lieber, wart', mein Lieber! Ich bin grad gut aufgelegt ... Dich hau' ich zu Krenfleisch!" (HL S. 32 /R S. 45)

Mit der Mitteilung vom Tod Habetswallners kehrt seine Aggressivität zurück und er kann das Duell kaum erwarten.

Die im Text genannten Orte, die Gustl aufsucht, sind allesamt öffentlicher und gesellschaftlicher Art. Auch wenn er sich in der Nacht in den Prater zurückzieht und dort auf einer Parkbank einschläft, ist die Verbindung mit der Gesellschaft nicht gekappt, sondern nur zeitweilig ausgesetzt. Auch wenn das innere Geschehen durch den inneren Monolog der eigentliche Gegenstand des Textes ist, ist das äußere Geschehen, das auf Gustl einwirkt, räumlich und zeitlich deutlich dargestellt. Die Zeit spielt auch dort, wo sie nicht als Uhrzeit angegeben ist, in anderer Form eine Rolle. Gustl ist ungeduldig, unruhig („Warum renn' ich denn so?“, HL S. 14 /R S. 19), so dass er manchmal kaum bemerkt, wo er sich befindet. Am Verstreichen der Zeit bemerkt Gustl seine Situation („Ich spür', dass ich jetzt wer anderer bin, als vor einer Stunde“, HL S. 13 /R S. 19). Noch im Kaffeehaus hat er keine Zeit, den Mantel abzulegen (HL S. 30 /R S. 42). Erst nach der Mitteilung des Kellners ändert sich sein Verhältnis zur Zeit. Waren seine Gedanken und Gefühle zuvor von der Gegenwart in Beschlag genommen, in die sich die Vergangenheit in Form von Erinnerungen an Kameraden und Familie drängte, so verfügt er danach über die Zukunft.

Öffentliche und gesellschaftliche Orte

Inneres Geschehen

Äußeres Geschehen

Verhältnis zur Zeit ändert sich

Das Zusammenwirken der genannten Mittel beim Aufbau der Novelle will die folgende Abbildung verdeutlichen:

LIEUTENANT GUSTL: ÄUSSERES UND INNERES GESCHEHEN

Äußeres und inneres Geschehen:

Gustl Weg durch die Nacht
Monologe über Duell und Ehre, Gefühle, Instinkte, Vorurteile

Gliederung:

Nach dem Konzert
Weg durch die nächtliche Stadt zum Prater
Aufwachen im Prater
Im Kaffehaus

Ort und Zeit:

Genaue Orts- und Zeitangaben
Öffentliche Räume
Zeitliches Kontinuum

Kreislauf:

Rückzug aus der Gesellschaft
Nacht im Prater
Rückkehr in die Gesellschaft

3.4 Personenkonstellation und Charakteristiken

ZUSAMMEN-FASSUNG

Familie und Militär haben Gustls Sozialisation bestimmt und ihn zu dem gemacht, was er ist. Mit einer abgebrochenen bürgerlichen Bildungslaufbahn hinter sich ist das Militär die einzige Instanz, in der er unterkommt. Indem er die dort herrschenden Verhaltens- und Denkformen übernimmt, findet er Ersatz für die fehlende emotionale Wärme in der Familie. Aus dem abgestiegenen Bürgertum stammend, ist er auf die Unterstützung seines Onkels angewiesen, um seinen Lebensstandard zu finanzieren. Er möchte dazugehören und anerkannt werden. Doch in Wirklichkeit ist seine Persönlichkeit unsicher und unreif, sein Verhalten bindungslos und verantwortungslos, sein Denken oberflächlich und borniert, seine Gefühle aggressiv und unkontrolliert. Er gerät in eine Lebenskrise, aus der er angesichts seiner Sozialisationsdefizite nicht durch Lernen und Verhaltensänderung, sondern durch Zufall und Schicksal kommt.

Gustls Sozialisation in der Familie

Schreibung des Novellentitels

Der Titel der Novelle bezeichnet die Hauptperson in ihrer beruflichen Position als Leutnant der k. u. k. Armee (in der Erstveröffentlichung in der „Neuen Freien Presse" 1900 und der ersten Buchausgabe 1901 noch in der Schreibung „Lieutenant") mit ihrem familiären oder kameradschaftlichen Kosenamen. Der Nachname wird nicht mitgeteilt. Neben ihm bleiben alle anderen Figuren blass bis zur Undeutlichkeit.

Gustls Familie

Gustl ist dreiundzwanzig oder vierundzwanzig Jahre alt (vgl. HL S. 18 /R S. 25) und wurde mit zwanzig Jahren Leutnant. Aus Gustls Äußerungen ergibt sich, dass er einer im Abstieg begriffenen bürgerlichen Familie entstammt. Eltern und ledige Schwester leben in beengten finanziellen Verhältnissen. Die vorzeitige Pensionierung des Vaters erlebt die Mutter als Kränkung. Das lässt möglicherweise darauf schließen, dass der Grund für die Pensionierung nicht gesundheitlicher Art war, sondern im dienstlichen Verhalten lag. Die achtundzwanzigjährige Schwester Klara ist immer noch nicht verheiratet. Offenbar sind die Eltern finanziell nicht in der Lage, sie mit einer attraktiven Mitgift auszustatten. Gustls Onkel hingegen besitzt ein einträgliches landwirtschaftliches Gut. Daher pflegt Gustl die familiäre Beziehung zu ihm, ohne an ihm als Person interessiert zu sein. Gustl erwartet vergeblich von ihm angesichts seines geringen Einkommens als Leutnant eine regelmäßige Unterstützung und die Begleichung seiner Spielschulden:

Eltern

Schwester

Onkel

> „der hat Geld wie Mist; auf die paar hundert Gulden kommt's ihm nicht an. Wenn ich's nur durchsetzen könnt', dass er mir eine regelmäßige Sustentation gibt ... aber nein, um jeden Kreuzer muss man extra betteln. Dann heißt's wieder: Im vorigen Jahr war die Ernte schlecht! ... Ob ich heuer im Sommer wieder zum Onkel fahren soll auf vierzehn Tag'? Eigentlich langweilt man sich dort zum Sterben ..." (HL S. 7 /R S. 10)

Ursprünglich bürgerliche Laufbahn geplant

Für Gustl war ursprünglich eine bürgerliche Bildungs- und Berufslaufbahn vorgesehen. Er sollte eigentlich Ökonomie studieren und Kaufmann werden.

> „Ob nicht alles ganz anders geworden wär', wenn ich zu Haus geblieben wär'? Ich hätt' Ökonomie studiert, wär' zum Onkel

gegangen … sie haben's ja alle wollen, wie ich noch ein Bub war …" (HL S. 20 /R S. 28)

Peter Weck als Leutnant Gustl und Christine Hörbiger als seine Verlobte Anna im Fernsehfilm *Leutnant Gustl* von 1962 © Cinetext

Die Hoffnungen auf den sozialen Aufstieg sind bitter enttäuscht, und so hadert er mit dem Schicksal und grollt mit seinem Onkel wegen fehlender Unterstützung. Bis zum Studium gelangte er nicht, weil er das Gymnasium vorzeitig verlassen musste (vgl. HL S. 9 /R S. 12). Da blieb nur noch der Besuch der Kadettenanstalt und im Anschluss daran die militärische Laufbahn. Allerdings war Gustl der Eintritt in die Kavallerie versagt, weil seine Familie finanziell nicht so gestellt war, dass er ein Pferd hätte unterhalten können.

Die wenigen Äußerungen Gustls über seine Kindheit und Jugend lassen erkennen, dass er nicht zu einer Persönlichkeit herangereift ist. Die Koseform seines Vornamens und die Erklärungen, die er für seine Defizite gibt, deuten vielmehr darauf hin, dass er auf einer kindlichen Stufe stehengeblieben ist. Dazu passt, dass der Umgang der Familienmitglieder miteinander eher emotional kühl ist. Die abgebrochene Schullaufbahn Gustls legt fehlende akademische Fähigkeiten nahe.

Gustl und das Militär

Gustl geht zum Militär

Gustls familiäre und individuelle Voraussetzungen führen ihn konsequenterweise zum Militär. Nach der Heeresreform von 1868 veränderte sich die Zusammensetzung des k. u. k. Heeres erheblich. Durch die allgemeine Wehrpflicht erhöhte sich der Bedarf an Offizieren. Der Offiziersstand wurde für Angehörige des Bürgertums nach dem Besuch der Militärakademie und der Kadettenan-

Offiziersstand wird für das Bürgertum geöffnet

stalt geöffnet. Das höhere Bürgertum strebte danach, am hohen Prestige des Offiziersstandes, der sich bisher nur aus Adligen rekrutierte, teilzuhaben. Die Offiziere bezogen ihr Standesbewusstsein aus der Nähe zum Kaiser. Dieser hatte im Militär und besonders in seiner Führung in Kriegs- und Friedenszeiten einen Garanten nach innen und nach außen für die Verteidigung und Unterstützung der Monarchie. Als oberster Befehlshaber nahm der Kaiser an Manövern und sonstigen herausragenden Veranstaltungen teil und zeigte sich auch im zivilen Monarchenalltag durch Tragen der Uniform seinen Offizieren verbunden. Daher war es wichtig, dass die Loyalität der neu hinzugekommenen, aus dem Bürgertum stammenden Offiziere gesichert war, zumal der bestehende Offiziersstand mit adliger Herkunft die neuen Offiziere misstrauisch beäugte. Neben den Berufsoffizieren mit entweder traditionell adliger oder nunmehr bürgerlicher Herkunft gab es noch eine große Gruppe von Reserveoffizieren. Dabei handelte es sich um Wehrpflichtige, die aufgrund höherer Schulbildung nur ein Jahr zu dienen brauchten, wenn sie sich freiwillig meldeten und sich verpflichteten, für Unterbringung und Verpflegung selbst aufzukommen, und die danach noch mehrere Jahre zu Reserveübungen eingezogen wurden, während die anderen Wehrpflichtigen einen dreijährigen Dienst in der Armee zu leisten hatten. Alle Teilgruppen hatten Anteil an dem hohen gesellschaftlichen Ansehen des Offizierskorps. Die Offiziere bürgerlichen Herkommens orientierten sich an ihren adligen Kameraden; gleichwohl war das Verhältnis heikel, indem ein latentes Misstrauen die neuen Offiziere und Reserveoffiziere mit bürgerlicher Herkunft begleitete.

Hohes gesellschaftliches Ansehen des Offizierskorps

Das Ansehen durfte das Militär als Institution bei rituellen Auftritten in der Öffentlichkeit wie z. B. bei Paraden, Gelöbnissen etc. genießen; als Individuen konnten die Offiziere bei gesellschaftlichen Veranstaltungen öffentlicher und privater Art wie Theater,

Konzert, Empfängen etc. mit höflicher Behandlung und Anerkennung rechnen. Bei Hofe galten sie – anders als die Zivilisten, selbst dann, wenn diese dem Monarchen in der Politik, Wirtschaft oder Wissenschaft dienten – wie der höhere Adel als hoffähig.

Dienstlicher Alltag

Weniger strahlend war der dienstliche Alltag. Der Offizierssold war gering, die Kavallerie hatte ihre Pferde selbst zu unterhalten, und die Angehörigen des Standes waren darum verlegen, ihre finanzielle Situation durch zusätzliche Einnahmen etwa durch Zuwendungen der Familie zu bessern. Besonders wichtig war es in diesem Zusammenhang, eine gute Partie zu machen. Eine vorteilhafte Eheschließung war wichtig für alle Beteiligten: Die Ehefrau hatte Anteil am Status ihres Ehemannes, der Offizier hatte durch seine Ehefrau ein sorgloses Auskommen, und der Monarch wusste seinen Offizier für den Invaliditätsfall versorgt, ohne dass seine private oder öffentliche Kassen durch Versorgungsleistungen belastet wurden.

Das Heer der k. u. k. Monarchie

Das Heer der k. u. k. Monarchie war im gesamten Reich präsent. Dienstsprache war deutsch, auch dann, wenn die Einheit nur aus Angehörigen anderer Nationalitäten bestand. Es war eine Friedensarmee, die in der Hauptsache eine integrative und repräsentative Funktion hatte. War der Dienst in Wien durch den Hof und die vielen öffentlichen Veranstaltungen noch recht angenehm, so konnte er in der Provinz und besonders an den Grenzen des Reiches recht langweilig werden. Umso wichtiger waren dann Spiel, Frauen und Pferde als Quellen der Unterhaltung und des Vergnügens. Auch wenn die Aktivitäten in die Freizeit fielen, so konnten sie, im Übermaß genossen, für den Status des Offiziers schädlich werden. Spielschulden, Mesalliancen und Reitunfälle waren tunlichst zu vermeiden. Sonst musste der Dienst quittiert werden.

Die Uniform

Die Uniform mit Goldtressen, Säbel und Kappe, ein verbindlicher Ehrenkodex und ein normiertes Verhalten stifteten nach in-

Der Ehrbegriff

nen Zusammenhalt und nach außen den Respekt der Zivilisten. Die Ehre des Offiziers wurde als gewichtiger und sensibler erachtet als die eines Zivilisten, weil er einem privilegiertem Stand angehörte, dessen Angehörige für Staat und Monarchie Entscheidungen zu fällen hatten, die Leben oder Tod von Soldaten bedeuten konnten. Wenn ein Offizier in seiner Ehre verletzt war, so hatte er den Kontrahenten zum Duell zu fordern. Sekundanten beider Seiten handelten die Einzelheiten (Ort, Zeit, Waffen) aus. Mit dem Duell wurde nach dieser Vorstellung die Ehre wiederhergestellt. Kam es nicht zum Duell wegen unterlassener Forderung oder Nichtannahme der Forderung, so fiel derjenige, der das Duell somit verhindert hatte, der öffentlichen Schande und Schmach anheim, Offiziere verloren nach kaiserlicher Vorschrift deshalb ihr Offizierspatent.

Ehre und Duell

Duellpflicht bei Ehrverletzungen

Der Ehrenkodex beinhaltete die Duellpflicht bei Ehrverletzungen. Sie betraf zunächst Offiziere und wurde aus der Vorstellung des ehrenhaften Kampfes Mann gegen Mann hergeleitet. Da das Offizierskorps ursprünglich aus dem funktionslos gewordenen Grundadel (grundbesitzender Adel) bestand, war das Duell ein Standesmerkmal, das ihn an die abhanden gekommene Gerichtsbarkeit erinnerte. Es war ein Sonderrecht, das den privilegierten Status des Offiziersstandes als Staat im Staate sicherte. Mit Hilfe des Duells regelten die Offiziere ihre eigenen Angelegenheiten. Dabei waren angesichts der Enge des Ehrbegriffs schon eine Bemerkung oder ein Blick, die als Beleidigung verstanden wurden, ausreichend, um das Duellritual in Gang zu setzen. Mildernde Umstände wie mögliches Missverständnis oder Trunkenheit waren im Grunde nicht akzeptabel, auch wenn Sekundanten Vermittlungsversuche unternahmen. Das Ritual konnte insofern missbraucht werden, als auf Anerkennung versessene Offiziere ihren Vorge-

Duell als Sonderrecht

setzten und Kameraden durch absichtlich herbeigeführte Duelle imponieren wollten.

Das Duellwesen wurde für die k. u. k. Monarchie nach der Niederlage gegen die Preußen in der Schlacht von Königsgrätz im Jahr 1866 ein wichtiges Instrument, um die Moral des Offizierskorps zu stärken und sein Ansehen gegenüber den Zivilisten zu sichern. Mit der Heeresreform wurde die allgemeine dreijährige Wehrpflicht eingeführt. Dem Mangel an Offizieren wurde mit der Öffnung des Standes auch für Bürgerliche, die aus den Kadettenanstalten und der Militärakademie hervorgingen, abgeholfen. Zudem wurde der Status des Reserveoffiziers eingeführt, den Wehrpflichtige mit höherer Schulbildung nach freiwilliger einjähriger Dienstzeit erlangen konnten. Sie standen während ihrer jährlichen Übungen als zusätzliche Führung zur Verfügung. Für diese Angehörigen des Heeres stellte der Status des Offiziers einen gesellschaftlichen Aufstieg dar, der auch die Einhaltung des Ehrenkodexes und die Einhaltung der Duellpflicht beinhaltete. Das Duellwesen wurde auch in nationalen studentischen Kreisen in Anlehnung an den adligen und militärischen Verhaltenskodex gepflegt. Duellfähig waren nur Militärs, unter den Zivilisten nur Adlige und Akademiker, nicht aber Handwerker oder kleine Gewerbetreibende, diese galten als nicht satisfaktionsfähig. Allerdings hatte der Offizier die Pflicht zur Ehrennotwehr, d. h. er hatte bei Ehrverletzung durch einen nicht satisfaktionsfähigen Zivilisten sofort den Säbel zu ziehen und sich zur Wehr zu setzen.

Wichtiges Instrument, um Moral zu stärken

Nur Militärs, Adlige und Akademiker duellfähig

Von Seiten des Staates wurde das Duellwesen wegen seiner Anpassungsleistung und Integrationswirkung unterstützt; zugleich stellte es eine Einschränkung des staatlichen Gewaltmonopols dar, zumal das Duell im bürgerlichen Recht ein Straftatbestand war. Daher war der Staat daran interessiert, durch Ehrenräte mäßigend zu wirken, indem vor der Austragung des Duells überprüft wurde,

Duellwesen erhält Unterstützung des Staates

ob zur Wiederherstellung der Ehre der Kampf mit der Waffe wirklich erforderlich war. Jedoch konnte die Tätigkeit der Ehrenräte auch durchaus gegenteilige Wirkung haben, indem die Zahl der Duelle zunahm.

In der Auseinandersetzung um das Duellwesen werden die verschiedenen gesellschaftlichen Kräfte und ihre Interessen sichtbar. Während konservative Kreise wie z. B. Adel und politischer Katholizismus das Duellwesen als Stütze des monarchistischen Systems schätzten und unterstützten, griffen es parlamentarische, besonders sozialdemokratische Kreise aus denselben Gründen an. Das liberale Bürgertum wurde zwischen den beiden Seiten zerrieben und durch den Börsenkrach von 1873 seiner wirtschaftlichen Grundlage beraubt. Am Duell schieden sich die Geister. Es bot je nach gesellschaftlicher Situation und individuellem Interesse die Möglichkeit, sich zusammenzuschließen, sich anzuschließen, aufzusteigen oder auch auszuschließen. Zugleich machte das Duellwesen die gesellschaftlichen Einschätzungen und verbreitete Vorteile erkennbar. Offiziere genossen ihre Stellung und schauten auf Zivilisten herab, Konservative misstrauten Sozialdemokraten, adlige Berufsoffiziere betrachteten bürgerliche Kameraden und Reserveoffiziere als nicht standesgemäße Konkurrenten.

Am Duell schieden sich die Geister

Unter dieser spannungsreichen Situation litten besonders die Juden, die 1896 durch den Waidhofener Beschluss der deutsch-österreichischen Studentenschaft als nicht satisfaktionsfähig vom Duell ausgeschlossen wurden. Dieser Beschluss markierte eine bis in das liberale Bürgertum hinein verbreitete antisemitische Grundeinstellung. In der zweiten Hälfte des 19. Jahrhunderts war die Zahl der jüdischen Einwohner in Wien auf 175.000 angestiegen. Viele von ihnen brachten es im Verlauf der Zeit auch durch eine große Anpassungsleistung zu beträchtlichem Ansehen und Wohlstand. Sie betätigten sich vor allem im akademischen, intellektuel-

Juden ab 1896 vom Duell ausgeschlossen

len und künstlerischen Bereich und leisteten Wesentliches für die Herausbildung der Moderne. Dieser Vorgang fand vor dem Hintergrund einer Steigerung der Bevölkerungszahl in Wien von einer halben Million auf zwei Millionen statt. Ursache dafür war der Zuzug von Angehörigen vieler Nationalitäten aus allen Teilen des Reiches im Rahmen der Industrialisierung. Mit der veränderten Zusammensetzung der Bevölkerung entstanden neue politische Kräfte, die den bislang herrschenden Liberalismus unter Druck setzten. Antisemitismus, Klerikalismus und Nationalismus drängten an die Macht. So wurde 1897 Karl Lueger (1844–1910) Wiener Bürgermeister, obwohl sich Kaiser Franz Joseph zwei Jahre lang heftig dagegen gewehrt hatte.

Veränderte Zusammensetzung der Bevölkerung

Gustls Verhalten und Denken

Nach der Jugend in der Familie, in der Gustl seine Persönlichkeitsentwicklung nicht abgeschlossen hat, geht er zum Militär. Dort sucht er Rückhalt, indem er dessen Normen und Vorstellungen übernimmt. Es gilt, jederzeit ehrenhaft, famos und schneidig zu sein. Der Anstand, d. h. das standesgemäße Verhalten, soll sich in allen Situationen, im gesellschaftlichen Umgang ebenso wie unter Belastung, zeigen. Auf jeden Fall erweist er sich unter Beobachtung im Urteil von Kameraden. Daher ist die Verhaltensnorm eine konventionelle und äußerliche Größe. So ist Gustl wichtig, was sein Vorgesetzter über ihn denkt:

Keine abgeschlossene Persönlichkeitsentwicklung

Gustl sucht Rückhalt beim Militär

> „Jetzt heißt's nur mehr, im letzten Moment sich anständig benehmen, ein Mann sein, ein Offizier sein, so dass der Oberst sagt: Er ist ein braver Kerl gewesen, wir werden ihm ein treues Angedenken bewahren!" (HL S. 16 /R S. 22 f.)

Übernimmt Auffassungen

Er übernimmt Auffassungen, was „man" tut („man sollt öfters bei der Nacht in' Prater geh'n …", HL S. 18 / R S. 26; „Es ist wirklich wahr, man sollt' öfter in Konzerte gehen", HL S. 6 /R S. 9), und er verwendet Floskeln („so ist es schon einmal im Leben …", HL S. 18 /R S. 26). Er ist abhängig von der Anerkennung seiner Vorgesetzten, denen gegenüber er sich servil verhält, während er Schwächeren und Untergeordneten gegenüber fordernd, aggressiv und provozierend auftritt. Beide Verhaltensweisen entspringen seiner Unsicherheit. So fühlt er sich von einem Zuschauer im Konzert bei seiner Langenweile ertappt:

Ist abhängig von Anerkennung

Ist unsicher

> „Was guckt mich denn der Kerl dort immer an? Mir scheint, der merkt, dass ich mich langweil' und nicht herg'hör … Ich möcht' Ihnen raten, ein etwas weniger freches Gesicht zu machen, sonst stell' ich Sie mir nachher im Foyer! – Schaut schon weg! … Dass sie alle vor meinem Blick so eine Angst hab'n … ‚Du hast die schönsten Augen, die mir je vorgekommen sind!' hat neulich die Steffi gesagt …" (HL S. 6 /R S. 8)

Mit dem Fixieren, dem festen Blick imponiert Gustl seinem Gegenüber. Es ist eine Art Duell, wobei der Blick die Waffe ersetzt. Der Blick vermittelt ihm den Eindruck, als Mann ernst genommen zu werden. So geht seine Assoziation nahtlos zu Steffi über.

Militär ersetzt Gustl die Familie

Das Militär ersetzt ihm die Familie und verleiht ihm durch Uniform und Verhaltensnormierung Männlichkeit. Dass es sich dabei nur um eine geliehene Eigenschaft handelt, wird im Text immer wieder deutlich. Blick und Säbel sind Waffen im Duell gegen Rivalen oder Personen, die seine Begrenztheit durchschauen. Durch Befolgung des Ehrenkodexes versucht Gustl die Zeugen seiner Unzulänglichkeiten zum Schweigen zu bringen. Das gilt zunächst für den Urheber der Äußerung:

> „Herr Lieutenant, Sie werden mir doch zugeben, dass nicht alle Ihre Kameraden zum Militär gegangen sind, ausschließlich um das Vaterland zu verteidigen!“ (HL S. 8 /R S. 12)

Duellanlass

Sie wird von einem Teilnehmer auf einer Gesellschaft gemacht, der sein Jura-Studium erfolgreich mit der Promotion abgeschlossen hat, während Gustl eine erfolglose Schullaufbahn hinter sich hat. Obwohl die Äußerung nicht auf ihn persönlich zielt, fühlt er sich angegriffen, zumal der Doktor vorher Manöver als „Kriegsspielerei“ (HL S. 8 /R S. 12) bezeichnet hat und noch von Kadettenschulen die Rede war.

> „Er hätt' nur noch sagen müssen, dass sie mich aus dem Gymnasium hinausg'schmissen haben und dass ich deswegen in die Kadettenschul' gesteckt worden bin ...“ (HL S. 9 /R S. 12)

Dem Duell, zu dem er den Doktor fordert, sieht er mit erzwungener Ruhe entgegen („der Doktor wird mir schon gewiss nichts tun! Obzwar, gerade diese ungeschulten Fechter sind manchmal die gefährlichsten“, HL S. 7 /R S. 11). Schließlich kann er mit dem Säbel besser umgehen als ein Zivilist, so dass er eigentlich kein Risiko eingeht.

Zusammenstoß mit dem Bäckermeister

Nach demselben Muster verläuft der Zusammenstoß mit dem Bäckermeister Habetswallner an der Garderobe. Er bezeichnet ihn wegen seines anmaßenden Auftretens als „dumme(n) Bub“ (HL S. 11 /R S. 15), während er nach seinem Säbel greift und droht, ihn zu zerbrechen, wenn Gustl Aufsehen macht. Hier jedoch kann Gustl der Situation nicht durch eine Duellforderung Herr werden, weil der Gegner als Angehöriger eines Handwerkberufes nicht satisfaktionsfähig ist. Die Kränkung hätte er nach dem Ehrenkodex durch die Ehrennotwehr heilen können, aber dazu fehlte es ihm an

Ehrverletzung durch Zivilisten

der Geistesgegenwart angesichts der Treffsicherheit der Bemerkung des Bäckermeisters. In der Erinnerung an den Vorfall nennt Gustl die körperliche Überlegenheit des Gegners als Grund für seine Untätigkeit. Dadurch hat er gegen den Ehrenkodex verstoßen und seine Ehre verloren. Er muss entweder den Dienst quittieren oder Selbstmord verüben. Der tiefere Grund seiner Wehrlosigkeit wird im Zusammenhang mit einer anderen Episode deutlich. Nach einer Übung im Hochsommer

Gustl verstößt gegen Ehrenkodex

> „haben wir uns nackt auf's Bett hingelegt. – Einmal ist plötzlich der Wiesner zu mir hereingekommen; ich muss gerad geträumt haben und steh' auf und zieh' den Säbel, der neben mir liegt … muss gut ausg'schaut haben … der Wiesner hat sich halbtot gelacht –" (HL S. 21 /R S. 30).

Säbel als Symbol

Die Episode erstellt über das Medium des Traums den psychologischen Zusammenhang zwischen der Nacktheit und dem Säbel. Indem Habetswallner nach dem Säbel greift, entwaffnet er Gustl nicht nur, sondern er nimmt ihm die Männlichkeit.

Beim Gang durch das nächtliche Wien geht Gustl voller Selbstmitleid auf der Suche nach einem Ausweg sein Leben und die Schritte durch, die ihm noch zu tun bleiben:

> „Darauf möcht' keiner kommen, dass ich mich hab' totschießen müssen, weil ein elender Bäckermeister, so ein niederträchtiger, der zufällig stärkere Fäust' hat … es ist ja zu dumm, zu dumm! – Deswegen soll ein Kerl wie ich, so ein junger, fescher Mensch … Ja, nachher möchten's gewiss alle sagen: das hätt' er doch nicht tun müssen, wegen so einer Dummheit; ist doch schad'! …" (HL S. 14 /R S. 20)

Gustl konnte seine Schmach zwar nicht durch Ehrennotwehr tilgen, aber der Zufall kommt ihm zu Hilfe, indem Habetswallner nach dem Vorfall einen Schlaganfall bekommen hat und gestorben ist. Insofern waren alle Überlegungen Gustls während der Nacht überflüssig, aber sie machen die Leere seiner Existenz und den fassadenhaften Charakter seines Ehrbegriffs offenbar. Er hat nichts dazugelernt; er ist der dumme Bub geblieben.

Zufall hilft Gustl

Leere seiner Existenz

Er zürnt dem Schicksal, das ihm vieles vorenthalten hat. Allzu gern hätte er noch an einem Krieg teilgenommen (HL S. 22 /R S. 31). Schuld an seiner misslichen Lage sind immer nur die anderen:

Gustl sucht Schuld bei den anderen

- → am anstehenden Duell ein Besucher auf der Gesellschaft, indem er von Manövern gesprochen hat (HL S. 8 /R S. 12),
- → an dem Vorfall mit dem Bäckermeister seine Freundin Steffi, die ihm für den heutigen Abend abgesagt hat (HL S. 6 / R S. 8 f.),
- → der Kamerad Ballert, gegen den er hoch im Kartenspiel verloren hat (HL S. 7 /R S. 9 f.),
- → das Schicksal („Aber wenn ich dort [d. h. in der Provinz] geblieben wär', wär' mir das nicht passiert, was mir heut' passiert ist …", HL S. 16 /R S. 23),
- → der Kamerad Kopetzky, von dem er die Eintrittskarte bekommen hat („der Kopetzky ist doch der einzige … Und grad der hat mir heut' das Billet geben müssen … und das Billet ist an allem schuld … ohne das Billet wär' ich nicht ins Konzert gegangen, und alles das wär' nicht passiert …", HL S. 20 /R S. 29),
- → die ungünstigen Umstände („alle die Sachen, die da zusammengekommen sind … das Pech im Spiel und die ewige Absagerei von der Steffi – und das Duell morgen Nachmittag – und zu wenig schlafen tu' ich in der letzten Zeit – und die Rackerei in der Kasern' – das halt' man auf die Dauer nicht aus! … Ja, über kurz oder lang wär' ich krank geworden – hätt' um einen Urlaub einkommen müssen …", HL S. 21 /R S. 29 f.).

Antisemitismus

Um seine Unsicherheit zu verbergen, betont Gustl die Kameradschaft und übernimmt die Vorurteile, die im Offizierskorps gegen Zivilisten, ganz besonders gegen jüdische, verbreitet sind. So bezeichnet er den Rechtsanwalt, den er am Vorabend zum Duell gefordert hat, als Rechtsverdreher, Sozialisten und Antimilitaristen (vgl. HL S. 8 /R S. 11). Seinen Rivalen bei Steffi hält er für einen Juden, der in einer Bank arbeitet:

> „Ah, das war komisch vor acht Tagen, wie sie mit ihm in der Gartenbaugesellschaft gewesen ist, und ich vis-à-vis mit'm Kopetzky; und sie hat mir immer die Zeichen gemacht mit den Augerln, die verabredeten. Er hat nichts gemerkt – unglaublich! Muss übrigens ein Jud' sein! Freilich, in einer Bank ist er, und der schwarze Schnurrbart ... Reservelieutenant soll er auch sein! Na, in mein Regiment sollt' er nicht zur Waffenübung kommen! Überhaupt, dass sie noch immer so viel Juden zu Offizieren machen – da pfeif ich auf'n ganzen Antisemitismus! Neulich in der Gesellschaft, wo die G'schicht' mit dem Doktor passiert ist bei den Mannheimers ... die Mannheimer selber sollen ja auch Juden sein, getauft natürlich ... denen merkt man's aber gar nicht an – besonders die Frau ... so blond, bildhübsch die Figur ... War sehr amüsant im Ganzen. Famoses Essen, großartige Zigarren ... Na, wer hat's Geld? ...“ (HL S. 6 /R S. 9)

Gustl täuscht Männlichkeit vor

Gustls Äußerung macht seine Denk- und Urteilsformen sowie deren Antriebskräfte deutlich. Er entwickelt Spott, Ironie und Aggression gegenüber jedermann, dem er unterlegen ist, und sucht nach Möglichkeiten, das Blatt zu wenden. Der markige sprachliche Gestus des Militärs soll seine Schwäche verbergen und männliche Stärke suggerieren.

Gustl und die Frauen

Neben seiner Familie und den Offizierskameraden sind Frauen für Gustl eine aufschlussreiche Bezugsgruppe. In der kurzen Zeit der Novelle, in der Gustl seinen Gedanken nachgeht, werden viele Frauen erwähnt, für die er sich interessiert. So besucht er das Konzert nur, weil ihm seine Freundin Steffi, die neben ihrer offiziellen Verbindung zu einem Leutnant der Reserve ein heimliches Verhältnis mit Gustl hat, abgesagt hat und ihm sein Kamerad Kopetzky, dessen Schwester mitsingt, eine Eintrittskarte geschenkt hat. Da er sie aber nur wenige Male gesehen hat, erkennt er sie nicht wieder, und so interessiert er sich auch für die anderen Chorsängerinnen.

> „In welcher Gegend die Schwester vom Kopetzky steht? Ob ich sie erkennen möcht'? Ich hab sie ja nur zwei oder drei Mal gesehen, das letzte Mal im Offizierskasino … Ob das lauter anständige Mädeln sind, alle hundert?" (HL S. 5 f. /R S. 8)

Nur oberflächliches Interesse

Sein Blick sucht den Zuschauerraum nach weiteren Frauen ab, und auch nach dem Konzert sieht er sich im Gedränge vor der Garderobe um. Ihn interessiert an den Frauen nur die auf den ersten Blick wahrnehmbare Oberfläche. Viele Frauen sind namenlos und sie werden nur als „die dort" (HL S. 9 /R S. 13), „die Kleine da" (HL S. 9 /R S. 13) oder „die da" (HL S. 9 /R S. 14) bezeichnet, „ob so ein Mensch Steffi oder Kunigunde heißt, bleibt sich gleich" (HL S. 22 /R S. 31).

Gustl kokettiert damit, dass er sich keine Namen merken könne (HL S. 7 /R S. 10):

> „Wenn ich die ... wie hat sie nur geheißen? ... […] Ah, ja: Etelka! … Kein Wort deutsch hat sie verstanden, aber das war auch nicht notwendig … hab' gar nichts zu reden brauchen! … Ja, es

> wird ganz gut sein, vierzehn Tage Landluft und vierzehn Nächt' Etelka oder sonst wer …" (HL S. 7 /R S. 10)

Auch die namenlose Böhmin ist nur eine flüchtige Erinnerung als Gustls erstes sexuelles Erlebnis während eines Urlaubs („die muss doppelt so alt gewesen sein, wie ich", HL S. 19 /R S. 27).

Beziehung zu Steffi

Deutlicher wird das Bild der Frau dort, wo Gustl ihren Namen nennt. Zwar muss er sich Steffi mit einem Rivalen teilen, aber das hat für Gustl auch angenehme Seiten: „Das wär' eine schöne G'schicht', wenn ihr der d'raufkommen möcht', da hätt' i c h sie am Hals …" (HL S. 9 /R S. 13)

Die Heimlichkeit des Verhältnisses erspart ihm Kosten und Ärger:

> „Freilich, das mit der Steffi ist bequemer – wenn man nur gelegentlich engagiert ist und ein anderer hat die ganzen Unannehmlichkeiten, und ich hab' nur das Vergnügen …" (HL S. 23 /R S. 33 f.)

Frauen zum Vergnügen

Daher ist die sexuelle Beziehung zu Steffi „doch das einzig reelle Vergnügen ... Na ja, der Herr Oberst wird in zwei Stunden nobel nachreiten ..." (HL S. 25 /R S. 36). Verliebt in sie ist er nicht (vgl. HL S. 29/R S. 41), sie ist für ihn ein „Luder" (HL S. 28 /R S. 41), das er niemals heiraten würde:

> „Nach der Steffi wär' ja noch manche andere gekommen, und am End' auch eine, die was wert ist – junges Mädel aus guter Familie mit Kaution –" (HL S. 29 /R S. 41)

Frauen sind für Gustl darauf reduziert, ihn zu unterhalten und zu vergnügen, sie sind einfach Lieferantinnen für Sex:

„Im Volksgarten hab‘ ich einmal eine angesprochen – ein rotes Kleid hat sie angehabt – in der Strozzigasse hat sie gewohnt – nachher hat sie der Rochlitz übernommen ...“ (HL S. 28 /R S. 40)

Dagegen ist eine Frau mit Anstand wie Frau Mannheimer für Gustl unerreichbar. Sie wird auf ihren hohen sozialen Status reduziert:

Aber die Frau Mannheimer ... ja, das wär' was anders, das wär' doch auch ein Umgang gewesen, das hätt‘ einen beinah' zu einem andern Menschen gemacht – da hätt' man doch noch einen andern Schliff gekriegt – da hätt' man einen Respekt vor sich selber haben dürfen. – Aber ewig diese Menscher ... (HL S. 19 /R S. 27)

Lediglich zu oberflächlicher Beziehung fähig

Die oberflächliche Beziehung ohne Folgen und Verantwortung auf sexueller oder gesellschaftlicher Grundlage ist für Gustl die einzig mögliche Form des Umgangs mit Frauen. Beziehungen dürfen ihm keine Mühe und Anstrengung bereiten. Er ist nicht fähig, sich dauerhaft zu binden. Eine Ehe ist für ihn höchstens unter dem Aspekt der eigenen Bequemlichkeit und der gesellschaftlichen Konvention denkbar:

„Ob ich nicht doch einmal ernstlich an's Heiraten denken soll? Der Willy war nicht älter als ich, wie er hineingesprungen ist. Hat schon was für sich, so immer gleich ein hübsches Weiberl zu Haus vorrätig zu haben ...“ (HL S. 9 /R S. 13)

Innere Leere bleibt

So kommt Gustl von einer flüchtigen Beziehung zur anderen, ohne seine innere Leere dadurch überdecken zu können.

Gustls Charakter lässt sich demnach mit sozialisationsbedingten Einwirkungen durch Familie und Militär folgendermaßen beschreiben:

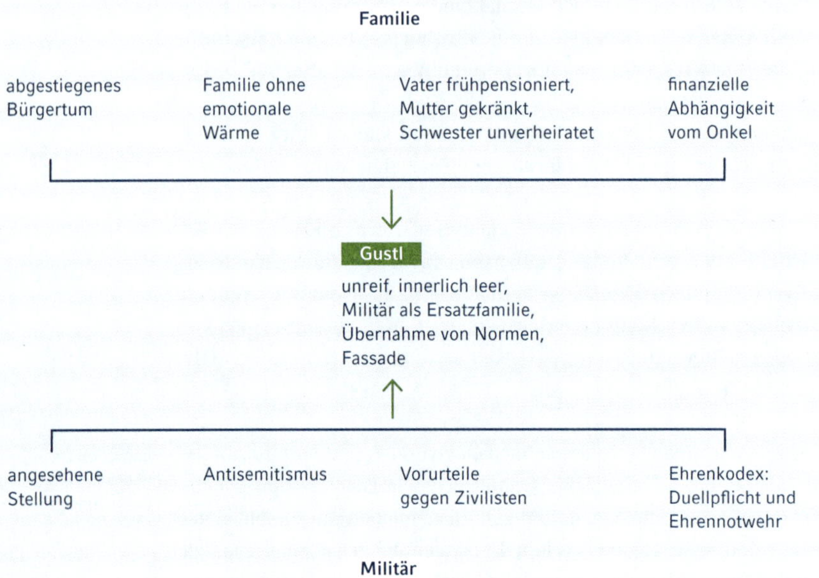
Familie
abgestiegenes Bürgertum
Familie ohne emotionale Wärme
Vater frühpensioniert, Mutter gekränkt, Schwester unverheiratet
finanzielle Abhängigkeit vom Onkel
Gustl
unreif, innerlich leer, Militär als Ersatzfamilie, Übernahme von Normen, Fassade
angesehene Stellung
Antisemitismus
Vorurteile gegen Zivilisten
Ehrenkodex: Duellpflicht und Ehrennotwehr
Militär

3.5 Sachliche und sprachliche Erläuterungen

Titel	**Lieutenant**	Schreibung des Offiziersrangs Leutnant entsprechend der Erstausgabe

1. Abschnitt (HL S. 5–12 / R S. 7–17)

HL S. 5 R S. 7	**viertel auf Zehn**	(süddt., österr.) viertel vor zehn
HL S. 5 R S. 7	**Oratorium**	geistliches Musikstück; aus der Entstehungsgeschichte der Erzählung kann geschlossen werden, dass Schnitzler an das Oratorium *Paulus. Oratorium nach Worten der heiligen Schrift* von Felix Mendelssohn-Bartholdy (1809–1847) denkt. Es wurde an dem Tag (4. April [HL S. 18 /R S. 25)] 1900), an dem die Erzählung spielt, tatsächlich im Wiener Musikvereinssaal aufgeführt.
HL S. 5 R S. 7	**Billet**	(österr.) Eintrittskarte
HL S. 5 R S. 8	**Fräulein Walker**	Edyth Walker (1870–1950), bedeutende Altistin, Oratoriensängerin
HL S. 5 R S. 8	**Fräulein Michalek**	Margarete Michalek (1875–1944), Sopranistin
HL S. 5 R S. 8	**Traviata**	genauer: *La Traviata*, Oper von Giuseppe Verdi (1813–1901)
HL S. 6 R S. 8	**Offizierskasino**	Kantine für Offiziere
HL S. 6 R S. 8	**beim „Grünen Tor“**	Gasthaus im VIII. Bezirk
HL S. 6 R S. 8	**Singverein**	genauer: Evangelischer Singverein, gegründet 1818 von Andreas Streicher; im Musikvereinssaal wurde das Oratorium (s. o.) am 4. April 1900 aufgeführt.
HL S. 6 R S. 8	**Virginia**	Zigarre, benannt nach der Herkunft des Tabaks

HL S. 6 R S. 8	**vorlamentieren**	jammern, klagen
HL S. 6 R S. 9	**Abschreiberei**	schriftliche Absagen
HL S. 6 u. ö. R S. 9 u. ö.	**nachtmahlen**	(österr.) zu Abend essen
HL S. 6 R S. 9	**Gartenbau-gesellschaft**	Lokal für gesellige Veranstaltungen im I. Bezirk
HL S. 6 R S. 9	**vis-à-vis**	(frz.) gegenüber
HL S. 7 R S. 9	**gegiftet**	geärgert
HL S. 7 R S. 9	**hundertsechzig Gulden**	ungefähr der Monatslohn eines Arbeiters bzw. halbes Monatsgehalt eines kleinen Beamten
HL S. 7 R S. 10	**Sustentation**	Unterstützung, Unterhalt
HL S. 7 R S. 10	**Madame Sans-Gêne**	Lustspiel von Victorien Sardou (1831–1908) und Emile Moreau (1852–1922), 1894 mit der Schauspielerin Helene Odilon (1864–1939) in der Hauptrolle in Wien erstaufgeführt
HL S. 8 R S. 11	**Landwehr**	stehendes Nationalheer als Reserve der k. u. k. Armee seit 1807
HL S. 8 R S. 11	**Chinesen**	Anspielung auf die „gelbe Gefahr"; der sog. Boxeraufstand von 1899 wurde 1900/01 von den europäischen Großmächten niedergeschlagen.
HL S. 8 R S. 11	**Blödisten**	(Schimpfwort) Dummköpfe, in Analogie zu Zivilisten gebildet
HL S. 8 u. ö. R S. 11 u. ö.	**auslassen**	(süddt., österr.) davonkommen, durchschlüpfen, loslassen

HL S. 8 R S. 12	**Kadetten-schulen**	Schulen zur Vorbereitung auf die Offizierslaufbahn (vgl. Musils Erzählung *Die Verwirrungen des Zöglings Törleß*), Eintrittsalter: vierzehn Jahre
HL S. 8 R S. 12	**Stock-schnupfen**	chronischer Schnupfen
HL S. 9 R S. 12	**Rock**	Uniform
HL S. 9 R S. 13	**Tintenfisch**	(Schimpfwort) Intellektueller (vgl. Bücherwurm)
HL S. 9 R S. 13	**Ihr, seine Engel, lobet den Herrn**	letzter Vers des Schlusschors von Mendelssohn-Bartholdys Oratorium *Paulus*
HL S. 10 R S. 14	**Leidinger**	Restaurant im I. Bezirk
HL S. 11 R S. 15	**stad**	(süddt., österr.) still
HL S. 11 R S. 16	**stante pede**	(lat.) stehenden Fußes, sofort

2. Abschnitt (HL S. 12–22 / R S. 17–32)

HL S. 12 R S. 18	**Tapper**	Kartenspiel
HL S. 13 R S. 18 u. ö.	**quittieren**	hier: den Militärdienst aufgeben
HL S. 13 R S. 18	**Freiwillige**	Sog. Einjährig-Freiwillige: Absolventen einer höheren Bildungslaufbahn (erfolgreicher Abschluss der Oberrealschule oder des Gymnasiums), Studenten und Akademiker brauchten bei freiwilliger Meldung nur ein Jahr Militärdienst anstatt drei zu leisten und wurden danach Reserveoffiziere. Während ihrer Dienstzeit mussten sie selbst bzw. ihre Eltern für Unterkunft und Verpflegung aufkommen. Unter diesen Bedingungen kamen als Einjährig-Freiwillige nur Söhne wohlhabender Familien in Frage.

HL S. 13 R S. 19	**satisfaktions-unfähig**	nach dem Ehrenkodex nicht zum Duell berechtigt
HL S. 13 R S. 19	**Ehrenrat**	Ausschuss von Offizieren für Ehrenangelegenheiten des eigenen Standes
HL S. 14 R S. 19	**das Mensch**	(abwertend) weibliche Person, Frauenzimmer
HL S. 14 R S. 19	**Beisl**	(österr.) einfache Gaststätte
HL S. 14 R S. 20	**wehrlos sind wir gegen die Zivilisten**	Nach den für das Duell geltenden Regeln ist ein Angehöriger eines Handwerks wie der Bäckermeister nicht duellfähig; er ist nicht satisfaktionsfähig.
HL S. 15 R S. 21	**Fleischselcher**	*selchen* (süddt., österr.) räuchern
HL S. 15 R S. 21	**Punktum und Streusand**	Schluss und aus. Bild für einen endgültigen Abschluss, rührt vom Ablöschen einer Tintenschrift mit feinem Streusand her.
HL S. 15 R S. 22	**Jagendorfer**	bekannter Ringkämpfer
HL S. 15 R S. 22	**Aspernbrücke**	Brücke über den Donaukanal, benannt nach der Schlacht von Aspern 1809
HL S. 15 R S. 22	**Kagran**	damals Gemeinde vor Wien, heute Wiener Stadtteil
HL S. 15 R S. 22	**Ronacher**	Vergnügungsstätte im I. Bezirk, benannt nach ihrem Unternehmer Anton Ronacher (1841–1892), errichtet 1887/88, mit Theater, Ballsaal, Hotel, Restaurant, Kaffeehaus
HL S. 16 R S. 22	**Einjährige**	siehe Anmerkung zu „Freiwillige“, HL S. 13 / R. S. 18
HL S. 16 R S. 22	**Distinktion**	Auszeichnung, hier: Offiziersstand
HL S. 16 R S. 22	**Gemeiner**	Soldat, der nicht Offizier oder Unteroffizier ist; einfacher Soldat

HL S. 16 R S. 23	**Steeple-Chase**	(engl.) Hindernis-Pferderennen
HL S. 16 R S. 23	**Przemysl**	galizische Garnisonsstadt
HL S. 16 R S. 23	**Galizien**	Teil Polens, kam durch die erste Teilung Polens 1772 zu Österreich; heute Landschaft im Westen der Ukraine und im Süden Polens
HL S. 16 R S. 23	**Sambor**	galizische Kreisstadt
HL S. 16 R S. 23	**erhört**	hier: gehört (von „hören")
HL S. 17 R S. 25	**Prater**	Freizeit- und Erholungsgelände im Nordosten Wiens, der Teil in Stadtnähe als Vergnügungspark genutzt, als Landschaftspark angelegt, in offene Aulandschaft übergehend
HL S. 18 R S. 25	**Pflanz**	(wiener.) Großtuerei
HL S. 18 26	**das zweite Kaffeehaus**	In der Hauptallee des Praters gab es drei Kaffeehäuser.
HL S. 18 R S. 26	**Kappl**	Kappe, Schirmmütze der Uniform
HL S. 19 R S. 27	**Leich'**	(süddt., österr.) Beerdigung
HL S. 19 R S. 27	**Kombattanten**	Kombattant: Mitkämpfer, hier: Duellgegner
HL S. 19 R S. 27	**Kour machen**	den Hof machen (vgl. franz. *cour*: Hof)
HL S. 19 R S. 27	**Menscher**	Plural von *das Mensch* (siehe Anmerkung zu HL S. 14 / R S. 19)
HL S. 19 R S. 27	**armes Hascherl**	(süddt., österr.) kleines Kind, unbedarfter Mensch

HL S. 21 R S. 29	**Burschen**	Offiziersdiener
HL S. 21 R S. 30	**mit Karenz der Gebühren**	ohne Bezahlung
HL S. 21 R S. 30	**Gummiradler**	Kutsche mit Gummireifen
HL S. 21 R S. 30	**Zeugl**	(süddt., österr.) Kutsche, Gespann
HL S. 22 R S. 31	**Lohengrin**	Oper von Richard Wagner (1813–1883)

3. Abschnitt (HL S. 22–28 / R S. 32–40)

HL S. 22 R S. 32	**Fischamend**	Ort an der Donau, hier: abgemilderter Fluch (statt Sakrament)
HL S. 23 R S. 33	**Krampen**	(süddt., österr.) Mähre, Gaul
HL S. 23 R S. 33	**Veigerln**	(süddt., österr.) Veilchen
HL S. 23 R S. 33	**Schubiak**	gemeiner Mensch
HL S. 23 R S. 33	**Weingartl**	Lokal im VI. Bezirk
HL S. 23 R S. 33	**fad**	(süddt., österr.) langweilig
HL S. 23 R S. 33	**Raunzen**	(süddt., österr.) weinerliche Frau
HL S. 24 R S. 34	**dann wär' Rest!**	(Redensart) dann wäre es zu Ende
HL S. 24 R S. 34	**gespieben**	(süddt., österr.) speien, erbrechen
HL S. 24 R S. 34	**anerkennen**	(süddt., österr.) anmerken

HL S. 24 R S. 34	**Nordbahnhof**	Bahnhof in der Nähe des Praters
HL S. 24 R S. 34	**Tegetthoffsäule**	Denkmal für Admiral Wilhelm Tegetthoff (1827–1871) am Nordbahnhof
HL S. 24 R S. 34 f.	**Bahnzeit, Wiener Zeit**	Wiener Zeit = Wiener Ortszeit; die Bahnzeit richtete sich nach der Wiener Zeit (mitteleuropäische Zeit) und unterschied sich in den entfernter gelegenen Gegenden der Monarchie (östlichen Kronländer: osteuropäische Zeit) erheblich von der Ortszeit (die Bahnzeit machte also die lokale Zeitverschiebung nicht mit).
HL S. 24 R S. 35	**Melange**	(österr.) Milchkaffee
HL S. 24 R S. 35	**Kipfel**	(süddt., österr.) Gebäck, Hörnchen
HL S. 24 R S. 35	**dem wird der Knopf aufgehn**	(Redensart) Dem wird ein Licht aufgehen, der wird staunen.
HL S. 24 R S. 35	**insultiert**	beleidigt
HL S. 24 R S. 35	**Fallot**	(süddt., österr.) Betrüger, Gauner
HL S. 25 R S. 36	**Zug**	militärische Einheit, die von einem Offizier geführt wird
HL S. 25 R S. 36	**Komfortabelkutscher**	einspännige Mietkutsche
HL S. 25 R S. 36	**Kontenance**	Haltung, Fassung
HL S. 26 R S. 37	**Nachtkastelladel**	(süddt., österr.) Schublade des Nachttisches
HL S. 26 R S. 37	**aufliegt**	bekümmert, Sorgen macht
HL S. 26 R S. 37	**Makulatur**	Altpapier

HL S. 26 R S. 37	**Durch Nacht und Eis**	Gemeint ist wahrscheinlich das Buch von F. Nansen, *In Nacht und Eis. Die Norwegische Polarexpedition 1893–1896*, 2 Bde., Leipzig 1897.
HL S. 26 R S. 37	**Kirche**	Gemeint ist vermutlich der Stephansdom.
HL S. 26 R S. 37	**Feber**	(österr.) Februar
HL S. 27 R S. 39	**Krempel**	Kram
HL S. 27 R S. 39	**Chargen**	Dienstgrade
HL S. 28 R S. 39	**Britannikas**	Zigarrenmarke, billiger als Trabuccos (siehe Anmerkung zu HL S. 31 / R. S. 45)
HL S. 28 R S. 39	**Rapport**	Bericht, Meldung
HL S. 28 R S. 39	**Burghof**	Innenhof der Hofburg
HL S. 28 R S. 40	**Bosniaken**	Soldaten eines Regiments aus Bosnien-Herzegowina
HL S. 28 R S. 40	**78er Jahr**	Annektierung Bosniens und der Herzegowina durch Österreich-Ungarn
HL S. 28 R S. 40	**Volksgarten**	Parkanlage an der Ringstraße, zwischen Hofburg und Burgtheater
HL S. 28 R S. 40	**Strozzigasse**	im VIII. Bezirk

4. Abschnitt (HL S. 28–32 / R S. 41–45)

HL S. 29 R S. 41	**Kaution**	hinterlegter Geldbetrag; hier: Mitgift der Braut
HL S. 29 R S. 41	**Fratz**	(österr.) ungezogenes Kind, schelmisches Mädchen

HL S. 29 R S. 42	**Florianigasse**	im VIII. Bezirk
HL S. 29 R S. 42	**Tarok**	Kartenspiel
HL S. 29 R S. 42	**schlieft**	(österr.) eigentl. schliafen: schlüpfen
HL S. 30 R S. 42	**Melange mit Haut**	Milchkaffee mit Milchhaut
HL S. 30 R S. 43	**kein leerer Wahn**	Anspielung auf eine Ballade von Schiller: „Und die Treue, sie ist doch kein leerer Wahn" (Schiller, *Die Bürgschaft*)
HL S. 31 R S. 44	**Bussel**	(süddt., österr.) Kuss
HL S. 31 R S. 44	**Billard**	hier: Billardtisch
HL S. 31 R S. 44	**nichts ist g'schehn!**	österreichische Redensart: „gut is' 'gangen, nix is g'schehn" für „noch einmal davongekommen sein"
HL S. 31 R S. 45	**alles g'hört wieder mein!**	(süddt., österr.) alles gehört wieder mir
HL S. 31 R S. 45	**Trabucco**	Zigarrenmarke, bessere Sorte als Britannika (siehe Anmerkung zu HL S. 28 / R. S. 39)
HL S. 32 R S. 45	**und wenn's Graz gilt**	militärische Redensart, die auf Kaiser Ferdinand II. zurückgeführt wird: „Und wanns Graz kost't", meint: um jeden Preis.
HL S. 32 R S. 45	**Krenfleisch**	(süddt., österr.) Rindfleisch mit Meerrettichsoße (Kren = Meerrettich)

Peter Weck als Leutnant Gustl und Christiane Hörbiger als seine Verlobte Anna im Fernsehfilm *Leutnant Gustl* von 1962 © Cinetext

3.6 Stil und Sprache

ZUSAMMEN-FASSUNG

In der gesamten Novelle ist der innere Monolog die nahezu alleinige Darstellungsform. Im inneren Monolog lernt der Leser nicht nur Gustls Emotionen, Vorurteile und Einstellungen, seine bewussten und unbewussten Gedanken kennen, sondern bemerkt auch ihre Banalität, Zusammenhanglosigkeit und Folgenlosigkeit. Die Werte, die er beständig im Munde führt, sind hohl und leer. Gustl gewinnt durch seinen beständigen inneren Monolog keine Erkenntnis, der Erkenntnisgewinn liegt allein auf Seiten des Lesers. Die Titelfigur offenbart sich durch Denken, Fühlen und Handeln in scheinbar auswegloser Lage als eine Person ohne jegliche Individualität. Durch seinen Monolog offenbart er unfreiwillig seinen Charakter.

Durch die Einbettung der direkten Rede in den inneren Monolog werden die beiden Konfrontationen Gustls mit dem Rechtsanwalt und dem Bäckermeister und die seinen Konflikt ausmachenden Kräfte deutlich. Die Konfliktlösung erfolgt durch das Gespräch mit dem Kellner im Kaffeehaus.

In Gustls Monolog sind gleichbleibende Muster erkennbar. Sie bilden Assoziationsketten, in denen sich Gustl von Anfang an als Maulheld erweist.

Innerer Monolog

Schon der Anfang der Novelle entwirft ein klares Bild von Gustl. Gelangweilt in einem Oratorium sitzend, wartet er ungeduldig auf das Ende der Aufführung („Wie lang' wird denn das noch dauern?“, HL S. 5 /R S. 7). Ohne sich wirklich für die Musik zu interessieren, sondern nur, weil er eine Eintrittskarte geschenkt bekommen hat, von Steffi versetzt wurde und es sich nicht leisten kann, an diesem Abend schon wieder um Geld zu spielen, sich aber „zerstreuen" will, hat er sich der Veranstaltung ausgesetzt und lässt nun seine Gedanken umherschweifen. Sie gelten dem Vergehen der Zeit in der Wirklichkeit („Erst viertel auf Zehn?", HL S. 5 /R S. 7) und seiner subjektiven Wahrnehmung („Mir kommt vor, ich sitz' schon drei Stunden in dem Konzert", HL S. 5 /R S. 7). Er ist sich bewusst, wie man sich in einer solchen gesellschaftlichen Situation verhält („Ich muss auf die Uhr schauen … schickt sich wahrscheinlich nicht in einem so ernsten Konzert", HL S. 5 /R S. 7) und orientiert sich am Verhalten anderer („Aber wer sieht's denn? Wenn's einer sieht, so passt er gerade so wenig auf, wie ich, und vor dem brauch' ich mich nicht zu genieren", HL S. 5 /R S. 7). Auf der Grundlage emotionaler Auffassungen („Solche Sachen gehören doch nur in die Kirche!", HL S. 5 /R S. 7) kommt er zu Äußerungen, die ihn ironisieren („Kirche hat auch das Gute, dass man jeden Augenblick fortgehen kann", HL S. 5 /R S. 7) und schließlich sarkastisch kennzeichnen („Wenn ich wenigstens einen Ecksitz hätt'!", HL S. 5 /R S. 7). Er will nicht auffallen und sucht eine Erklärung für seine Unbehaglichkeit. Er findet sie in seiner fehlenden Laune. Dadurch erspart er sich das Eingeständnis seiner fehlenden Bildungsvoraussetzungen und seiner sozialen Angepasstheit. Er ist nur zur Zerstreuung fähig, und diese benötigt er dringend angesichts des Duells, das er am nächsten Morgen zu bestehen hat.

Strukturierung des Monologs durch Raum und Zeit

Das Bild gerät deshalb so klar, weil Gustl seine Eindrücke und Gedanken im inneren Monolog vorträgt, der durch die klare Zeit- und Raumstruktur strukturiert ist. Der Leser wird durch exakte Zeit- („viertel auf Zehn" am Abend, HL S. 5 /R S. 7, „elf", HL S. 14 /R S. 19, „Mitternacht", HL S. 21 /R S. 30, „Drei", HL S. 22 /R

S. 32, „Halb vier", HL S. 24 /R S. 34, „dreiviertel" sechs am Morgen, HL S. 29 /R S. 41) und Ortsangaben, denen der Leser auf dem Wiener Stadtplan genau folgen kann, durch den inneren Monolog geführt.

Definition innerer Monolog

In der gesamten Novelle ist der innere Monolog die nahezu alleinige Darstellungsform. Darunter versteht man „die Wiedergabe von in Wirklichkeit unausgesprochenen Gedanken, Assoziationen, Ahnungen der Personen in Sprache, direkter Ich-Form im Gegensatz zur erlebten Rede in 3. Person"[7]. Im Allgemeinen erstrebt der innere Monolog die Wiedergabe der Augenblicksregungen, wie sie im Bewusstseinsstrom erscheinen, und versucht die Identifikation von Leser und Romanheld durch unmittelbare Gleichsetzung. Davon kann bei Schnitzlers *Lieutenant Gustl* keine Rede sein. Vielmehr stellt der innere Monolog die Versuchsanordnung dar, durch welche Gustl als Individuum isoliert und unter besonderem gesellschaftlichem Druck stehend in seinem Verhalten beobachtet werden kann. Anhand seiner Äußerungen und seines Verhaltens wird er als Individuum mit gescheiterter familiärer Sozialisation dargestellt, voll von Vorurteilen und Aggression, das auf Grund seiner gesellschaftlichen Zugehörigkeit ohne Verdienst Privilegien und Respekt genießt. In Wirklichkeit ist er innerlich hohl und leer. Er ist den von ihm erwarteten moralischen Standards nicht gewachsen. Was er an Äußerungen von sich gibt, ist unverarbeitet übernommen. Gustl hat es nicht geschafft, sich durch familiäre und berufliche Sozialisation zu einer selbstbewussten Persönlichkeit zu entwickeln. Er tut, was „man" von ihm erwartet. Je nach Situation ordnet er sich unter oder kostet seine Überlegenheit aus.

Keine Identifikation des Lesers mit Gustl

---

7 Wilpert, Gero v.: *Sachwörterbuch der Literatur.* Stuttgart: Kröner, [8]2001, Stichwort „innerer Monolog".

Innerer Monolog und direkte Rede

Direkte Rede im inneren Monolog

Besondere Beachtung ziehen drei Textstellen auf sich, bei denen direkte Rede in den inneren Monolog eingearbeitet ist. Es handelt sich dabei um die Begegnung mit dem Rechtsanwalt, die zum Duell führt, um die Auseinandersetzung mit dem Bäckermeister Habetswallner an der Garderobe und den Besuch im Kaffeehaus.

→ Im Konzert erinnert sich Gustl daran, wie es zur Konfrontation mit dem Rechtsanwalt kam, die zur Duellforderung führte. Es war der Ausspruch „Herr Lieutenant, Sie werden mir doch zugeben, dass nicht alle Ihre Kameraden zum Militär gegangen sind, ausschließlich um das Vaterland zu verteidigen!" (HL S. 8 /R S. 12), die Gustl in Rage bringt, da er ihn auf sich bezieht. Die direkte Rede des Kontrahenten ist in den hier zu Grunde liegenden HL- und Reclam-Ausgaben in Anführungszeichen gesetzt und ragt somit aus Gustls innerem Monolog heraus.

→ Komplizierter stellt sich die Redesituation beim Zusammenstoß Gustls mit dem Bäckermeister Habetswallner an der Garderobe dar. Gustls Rede ist in Anführungszeichen gesetzt („Sie, halten Sie das Maul!", HL S. 10 /R S. 15), die Rede des Bäckers ist – allerdings nur in der Reclam-Ausgabe – in verdoppelte Anführungszeichen eingefasst („„Wie meinen?"", HL S. 10 /R S. 15) und Gustls Gedanken und Empfindungen werden im inneren Monolog ohne Anführungszeichen dargestellt (Das hätt ich nicht sagen sollen, ich war zu grob … Na, jetzt ist's schon g'scheh'n!, HL S. 10 /R S. 15). Die Konfrontation baut sich in einem komplexen Geflecht von Rede und Gegenrede auf und gipfelt in der Tätlichkeit des Zivilisten gegen den Offizier. Der Bäcker hält Gustl am Säbel fest.

Komplexes Geflecht von Rede und Gegenrede

„„Herr Lieutenant, wenn Sie das geringste Aufsehen machen, so zieh' ich den Säbel aus der Scheide, zerbrech' ihn und schick' die Stück' an Ihr Regimentskommando. Versteh'n Sie mich, Sie dummer Bub?““
Was hat er g'sagt? Mir scheint, ich träum'! Red't er wirklich zu mir? Ich sollt' was antworten ... Aber der Kerl macht ja Ernst – der zieht wirklich den Säbel heraus. Herrgott – er tut's! ... Ich spür's, er reißt schon dran! Was red't er denn? ... Um Gottes willen, nur kein' Skandal – – Was red't er denn noch immer? (HL S. 11 /R S. 15 f.)

Das Geschehen ist in mehrfacher Hinsicht dargestellt. Die Einwirkung des Bäckers auf Gustl erfolgt in der direkten Rede und im körperlichen Zugriff. Mit der Anrede und dem Griff nach dem Säbel reduziert er Gustl auf seinen tatsächlichen Status. Gustl reagiert mit Angst und Ungläubigkeit. Die Einbettung von Rede und Gegenrede in den inneren Monolog lassen das äußere Geschehen unmittelbar in seiner Auswirkung auf Gustl deutlich werden.

Einbettung in inneren Monolog

→ In der dritten Textstelle, die Gustls Besuch im Kaffeehaus am Morgen darstellt, sind die drei Ebenen von Rede, Gegenrede und Gustls Denken und Empfinden in der direkten Rede wiederum anzutreffen. Er erfährt, dass sein Kontrahent in der Nacht einem Schlaganfall erlegen ist. Nicht durch Einsicht, sondern durch den Eingriff des Schicksals ist sein Problem gelöst und er verfällt wieder – stärker als zuvor – in sein früheres Verhalten.

„Ist er tot?“
„„Na, freilich, Herr Lieutenant; auf'm Fleck ist er tot geblieben.““
O, herrlich, herrlich! (HL S. 31 /R S. 44)

Im Gespräch mit dem Kellner, dem er die Einzelheiten entlockt, versetzt er sich selbst in den alten Stand, als wäre nichts geschehen („Keiner weiß was, und nichts ist g'schehn!", HL S. 31 /R S. 44).

Struktur des inneren Monologs

Verdeckte Erzählinstanz

Erzählung ist artifiziell gestaltetes Gebilde

Der innere Monolog setzt die Titelfigur in den Mittelpunkt. Aus Gustls Perspektive wird das äußere und innere Geschehen dargestellt. Ein Erzähler tritt nicht in Erscheinung. Dennoch ist eine verdeckte Erzählinstanz gegenwärtig und führt Regie. Wie schon die Schichtung der verschiedenen Ebenen zeigt, handelt es sich bei der Erzählung um ein artifiziell gestaltetes Gebilde. Darauf verweist auch ein weit verbreitetes Muster, nach dem Elemente des Monologs zusammengefügt sind: Die Gedanken setzen bei einem Erfordernis ein und führen zu einem Entschluss („also jetzt Verstand zusammennehmen, Gustl ... letzte Verfügungen treffen! Also morgen früh wird Schluss gemacht ... morgen früh um sieben Uhr ...", HL S. 18 /R S. 26). Die Entscheidung wird sogleich sarkastisch kommentiert („sieben Uhr ist eine schöne Stund'. Haha!", HL S. 18 / R S. 26) und führt zur Konsequenz („also um acht, wenn die Schul' anfangt, ist alles vorbei ...", HL S. 18 /R S. 26). Daraus ergibt sich eine Folgerung („der Kopetzky wird aber keine Schul' halten können, weil er zu sehr erschüttert sein wird ...", HL S. 18 f. /R S.26). Die Überlegungen erweisen die Unmöglichkeit der Entscheidung, auch die Alternative führt anhand eines Beispiels zum selben Ergebnis („Aber vielleicht weiß er's noch gar nicht ... man braucht ja nichts zu hören ... Den Max Lippay haben sie auch erst am Nachmittag gefunden, und in der Früh' hat er sich erschossen, und kein Mensch hat was davon gehört ...", HL S. 19 /R S. 26). Mit einem Schulterzucken wird der Gedankengang abgeschlossen („Aber was geht mich das an, ob der Kopetzky Schul' halten wird oder nicht? ...", HL S. 19 /R S. 26 f.).

Gustls Monolog ist kein neutrales Protokoll der Gedanken, die nur scheinbar frei fließen, kein unstrukturiertes anarchisches Erzählen. Die „Erlebensweise des um sich selbst kreisenden Leutnants [bedingt] die Kreisform der gesamten Erzählung“[8]: Narrative Techniken wie z. B. sprachliche Wiederholungen (beispielsweise „Warten S’ nur, Herr Doktor, Ihnen wird’s vergeh’n, solche Bemerkungen zu machen!“, HL S. 5 /R S. 8 – „Ah, wart’ nur, mein Lieber –“, HL S. 9 /R S. 13 – „… na wart’, mein Lieber, wart’, mein Lieber!“, HL S. 32 /R S. 45) sind genau kalkuliert und geben der Novelle eine ringförmige Struktur.

Monolog ist kein neutrales Modell von Gustls Gedanken

Der Gedankenfluss ist absichtsvoll geordnet und fügt einige Elemente zu immer neuen Assoziationsketten zusammen:

ringförmige Struktur der Novelle

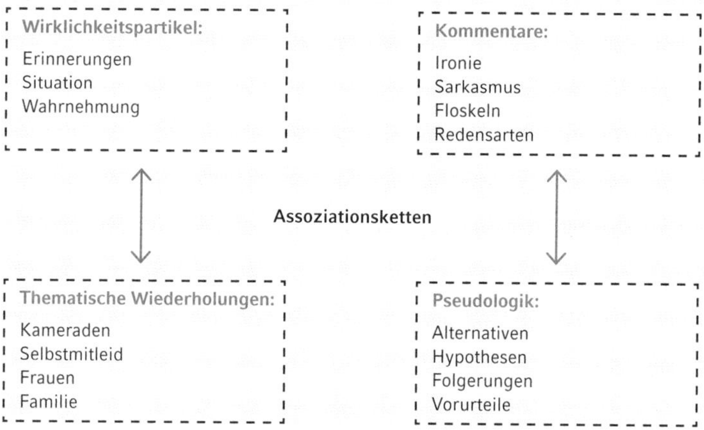

8 Doppler, Alfred: *Innerer Monolog und soziale Wirklichkeit. Arthur Schnitzlers Novelle „Leutnant Gustl“.* In: ders.: Wirklichkeit im Spiegel der Sprache. Aufsätze zur Literatur des 20. Jahrhunderts in Österreich. Wien: Europaverlag, 1975, S. 60.

Gustl wird auf diese Weise entlarvt: Gibt er anfangs noch vor, sich aus reiner Selbstachtung auf jeden Fall umbringen zu wollen („Und wenn ihn [den Bäckermeister] heut' Nacht der Schlag trifft, so weiß ich's ... ich weiß es ... und bin nicht der Mensch, der weiter den Rock trägt und den Säbel, wenn ein solcher Schimpf auf ihm sitzt! ... So, ich muss es tun, und Schluss!", HL S. 15 /R S. 21), so ist dieser Entschluss am Ende, als das ihm unwahrscheinlich vorkommende Ereignis des Todes des Bäckermeisters eintrifft, urplötzlich heuchlerisch vergessen („Tot ist er – tot ist er! Keiner weiß was, und nichts ist g'schehn! – Und das Mordsglück, dass ich in das Kaffeehaus gegangen bin ... sonst hätt' ich mich ja ganz umsonst erschossen – es ist doch wie eine Fügung des Schicksals ...", HL S. 31 /R S. 44). Durch die unauffällige Erzählerregie wird deutlich, dass Gustl es mit seinem Entschluss von Anfang an nicht ernst meint. Er enttarnt sich selbst als Maulheld, der den übernommenen Ansprüchen nicht gerecht wird.

Unauffällige Erzählregie

Innerer Monolog als Mittel der Selbstentlarvung

In der deutschsprachigen Literatur gebrauchte Arthur Schnitzler im *Lieutenant Gustl* zum ersten Mal den inneren Monolog als durchgängiges Gestaltungsmittel, den Edouard Dujardin (1861–1949) in dem 1888 erschienen Roman *Les Lauriers sont coupés* als Erster verwendet hatte. Aber Schnitzler nutzte im Gegensatz zu Dujardin konsequent die Möglichkeiten dieser Technik für die artifizielle Gestaltung des Textes.

Erstmalig: Innerer Monolog als durchgängiges Gestaltungsmittel

> „Mit dem inneren Monolog wählt Schnitzler einen Erzählort außerhalb der Novelle und behauptet damit seine Unparteilichkeit gegenüber Gustl. Tatsächlich aber versteckte Schnitzler seine Parteilichkeit hinter dieser unparteiischen Form. Der Schriftsteller benutzt den inneren Monolog, die Selbstdarstel-

> lung des Leutnant Gustl nur dazu, um so unmissverständlich wie unerkannt zum Ausdruck bringen zu können, dass dieser Leutnant wirklich so ungebildet und ein so dummer Bub ist, wie der Bäckermeister sagt, ein wehleidiger und feiger Rabauke, ein Maulheld und wild gewordener Kleinbürger, aggressiv und kriegslüstern und ohne jedes Ehrgefühl."[9]

Damit geht Schnitzler über die Darstellung eines Individuums hinaus. Der Leutnant ist eine Schlüsselfigur des Militärs, das in der k. u. k. Monarchie eine hervorgehobene gesellschaftliche und politische Rolle erfüllt, und das Duell, um das Gustls Gedanken unaufhörlich kreisen, ist ein zentrales Ritual des Militärs. Darin bündelt sich das Selbstverständnis der Machtelite des Staates, zu der Gustl gezählt werden möchte. Arthur Schnitzler lässt seinen Leutnant Gustl sich im Monolog selbst entlarven. Dieses Stilmittel hat eine gewisse Nähe zur freien Assoziation in der Psychoanalyse, aber Schnitzler erspart dem Leser Redundanzen. Bei Schnitzlers Novelle fehlen der Therapeut, die Mitarbeit des Patienten und die Heilung. Stattdessen geht es bei Gustl um Illusion, Selbstmitleid und Schuldverschiebung. Statt sich einer **Lebenslüge** zu stellen, sucht er verzweifelt einen Ausweg aus der Situation, den er sich nicht erarbeitet, den ihm aber das Schicksal in einer ironischen Pointe gewährt.

Schnitzler lässt Gustl sich selbst entlarven

---

9 Knilli, Friedrich: *Lieutenant Gustl – ein k. u. k. Antisemit aus bundesrepublikanischer Sicht.* In: ders. (Hrsg.): Literatur in den Massenmedien – Demontage von Dichtung? München: Hanser, 1976, S. 149.

3.7 Interpretationsansätze

ZUSAMMENFASSUNG

Trotz ihrer Kürze und ihrer Konzentration auf die Hauptperson und den inneren Monolog enthält die Novelle viele Zugangsmöglichkeiten für die Interpretation. Dabei bieten sich Ansätze sowohl innerhalb des Textes (Struktur, Hauptfigur, Werte) als auch außerhalb (Menschenbild, Zeitkritik). Weitere Ansätze ergeben sich durch Vergleiche der Novelle mit anderen Werken Schnitzlers oder mit themengleichen Werken anderer Autoren.

Einige Zugänge für die Interpretation werden im Folgenden benannt und erläutert.

→ **Menschenbild:** Die Darstellung der Hauptfigur erfolgt nur im inneren Monolog, den Schnitzler bei Edouard Dujardin kennengelernt hat und den er im *Lieutenant Gustl* erstmals durchgängig anwendet. Die Person erscheint nicht mehr als Individuum. Sie löst sich in einer Vielzahl von Gedanken, Gefühlen, Erinnerungen scheinbar auf. Dabei sind diese Elemente oft nur noch in Ansätzen vorhanden und stehen zueinander im Widerspruch. Vergleichbare Tendenzen zur Auflösung des Individuums gibt es zu gleicher Zeit in der Psychoanalyse Sigmund Freuds und in der Philosophie Ernst Machs. Der innere Monolog bei Schnitzler kommt der freien Assoziation der Psychoanalyse nahe, und Mach versteht den Menschen in seiner Philosophie des Empiriokritizismus als einen labilen Komplex von Wahrnehmungen und Empfindungen. In der Malerei der Zeit geht es im Impressionismus um die genaue Darstellung von Eindrücken und Wahrnehmungen.

Auflösung des Individuums

- **Struktur:** Die Handlung der Novelle ist räumlich und zeitlich genau bestimmt. Sie beginnt um 21.45 Uhr im Konzertsaal und endet um circa sechs Uhr am nächsten Tag im Kaffeehaus. Dazwischen liegt Gustls Krise. Die gesellschaftliche Fassade bröckelt, seine Selbstsicherheit schwindet, er wird auf sich selbst zurückgeworfen. Im Schlaf auf einer Bank im Prater ist er am weitesten von der Gesellschaft entfernt und sich selbst als hilfloses Wesen am nächsten. Nach dem Erwachen wird er wieder ganz der alte Gustl mit seinen Vorurteilen und Aggressionen. Unfähig zum Lernen und zur Verhaltensänderung durchläuft Gustl räumlich, zeitlich und als Person eine Kreisbewegung.

Kreisform der Novelle

- **Typus:** Schnitzler untersucht das Verhalten einer Einzelperson in einer krisenhaften Situation. Doch die Hauptperson ist als Leutnant eine Schlüsselfigur der Zeit und der Druck, dem sie unterliegt, ist gesellschaftlicher Art. Gustl hat sich die Verhaltensweisen und Vorurteile seines Standes bis hin zur Unselbständigkeit zu Eigen gemacht. Sein Umgang mit Frauen und seine Äußerungen über Juden, Zivilisten usw. kennzeichnen ihn als Angehörigen des Offizierskorps als einer privilegierten Gruppe.

Individuum in der Krise

- **Werte:** Im Duell will Gustl seine Ehre wiedergewinnen. Die Äußerung des Rechtsanwalts, wonach Gustls Kameraden nicht nur aus ehrenwerten Motiven zum Militär gegangen sind, bezieht er mit Recht auf sich. Doch das Duell kann nicht stattfinden, weil er satisfaktionsunfähig wird, als er gegen den Bäckermeister die Ehrennotwehr unterlässt. Doch als das Schicksal den Zeugen seiner Schmach beseitigt, ist sein Beschluss, Selbstmord zu begehen, vergessen. Er ist darauf versessen, sein Duell auszutragen, zumal er sich seinem zivilen Gegner als Offizier überlegen fühlt. Seine Ehre ist allein gesellschaftlich bestimmt.

Werte der Zeit

Vergleich mit anderen Werken Schnitzlers

→ **Gesamtwerk:** Die Novelle *Lieutenant Gustl* gestaltet Themen und Motive, die auch in anderen Werken Schnitzlers eine Rolle spielen. Die Erzählung *Fräulein Else* kann mit Gewinn zum Vergleich herangezogen werden. Ein anderer Ansatzpunkt ist die Wahl eines Leutnants als Hauptfigur. Hier bietet sich z. B. ein Vergleich zwischen Gustl und Kasda in der Erzählung *Spiel im Morgengrauen* an.

Literarische Darstellung geistiger Strömungen

→ **Zeitkritik:** Schnitzler fasst die geistigen Strömungen der ausgehenden Habsburgischen Monarchie zusammen und bündelt ihre Darstellung in der Novelle. Der Text und seine Rezeption werfen ein Schlaglicht auf die Schwäche des liberalen Bürgertums und das Aufkommen antisemitischer und konservativer politischen Kräfte. Die Gründe für die Entwicklung sind auch im *Lieutenant Gustl* erkennbar.

Thema Ehre in anderen literarischen Werken

→ **Vergleich:** Mit dem Thema der Ehre haben sich auch andere Autoren beschäftigt. Hier sind z. B. Clemens Brentano (1778–1842) mit der *Geschichte vom braven Kasperl und dem schönen Annerl* (1817), G. E. Lessing (1729–1781) mit dem Drama *Emilia Galotti* (1772) und Th. Fontane (1819–1898) mit dem Roman *Effi Briest* (1894/95) zu erwähnen. Bei Fontane ergibt sich in diesem Zusammenhang eine Verbindung mit dem Duellproblem.

Modernität der Novelle

→ **Schnitzlers Aktualität:** Wegen seiner Themen und Darstellung wird Schnitzlers Bedeutung bisweilen auf die Zeit bis zum Ende der k. u. k. Monarchie begrenzt. Dabei sind die im *Lieutenant Gustl* dargestellte Verhaltensnormierung und Fremdsteuerung einschließlich der Vorurteilsstrukturen von überdauernder Bedeutung. Die Ausrichtung des Verhaltens auf Machtstrukturen lässt an den autoritären Charakter im Sinne Th. W. Adornos (1903–1969) denken. Hier könnte ein Vergleich mit dem Roman *Der Untertan* (1916) von Heinrich Mann (1871–1950) ansetzen.

Die Interpretationsansätze fasst die folgende grafische Darstellung zusammen:

4. REZEPTIONSGESCHICHTE

ZUSAMMENFASSUNG

Auch wenn Schnitzler in der Novelle eine Person mit ihrem Herkommen in ihrem Denken, Fühlen und Handeln darstellt, wobei er aktuelle Seh- und Denkweisen aus Philosophie, Psychologie, Literatur usw. fruchtbar machte, so zeichnet er in der Figur typische Züge eines Vertreters des k. u. k. Offiziersstandes nach. Für das Militär war die literarische Figur des Gustl eine Provokation, und es reagierte, indem es Schnitzler ausschloss.
Die Skandalisierung von Schnitzlers *Lieutenant Gustl* war ein Mittel im Kampf militärischer und antisemitischer Kreise gegen das liberale Bürgertum.

Skandalisierung der Novelle

Am 25. Dezember 1900 erschien Arthur Schnitzlers Novelle *Lieutenant Gustl* in der „Neuen Freien Presse", der Zeitung des liberalen Bürgertums. Unter Anzeigen für die „schneidigsten Uniformen", für ein Trimm-dich-Gerät und für Rollschreibpulte und durch einen Strich abgetrennt, setzt der dreispaltige Abdruck ein. Bereits wenige Tage später, am 28. Dezember 1900, erschien in der „Reichswehr", einer konservativen Zeitung, ein anonymer Artikel, in dem Schnitzler aufs heftigste angegriffen wurde. Die Hauptfigur sei ein „Gemisch von Unflath, niedrigster Gesinnung und Verdorbenheit des Herzens, von Feigheit und Gewissenlosigkeit"[10]. Die Kritik bezieht sich explizit auf die Äußerung im Text, die zu Gustls Duellforderung gegen den Rechtsanwalt führt, wonach nicht alle Offiziere

---

10 Lindgren, Irène: *„Seh'n Sie, das Berühmtwerden ist doch nicht so leicht!" Arthur Schnitzler über sein literarisches Schaffen.* Frankfurt a. M. u. a.: Lang, 2002, S. 248.

aus Patriotismus zum Militär gegangen sind, und bestreitet sie. „In der Armee gibt es solche Offiziere nicht, weil man sie eben nicht duldet“[11]. Mit seiner anonymen Schmähkritik skandalisierte der Gründer und erster Chefredakteur der „Reichswehr“ Gustav Davis (d. i. Gustav David) (1856–1951) das Erscheinen von Schnitzlers Novelle, um die „Reichswehr“ der Regierung als publizistische Unterstützung ihrer Politik anzudienen. Er erwartete dafür, dass die Subventionierung, die wegen eines Regierungswechsels 1897 entfallen war, wieder aufgenommen werden sollte. Schnitzler reagierte auf diese Kritik nicht, er forderte den Chefredakteur nicht zum Duell, wie es die Regeln des Offiziersstandes forderten.

Schnitzler reagiert nicht auf Angriff

Davis' Angriff auf Schnitzler setzte ein Verfahren des Ehrenrates in Gang, das damit endete, dass der Reserveoffizier Schnitzler zum gewöhnlichen Sanitätssoldaten des k. u. k. Landsturms degradiert wurde. Das Verfahren zog sich mit Vorermittlung, Sitzungen, Entscheidung und Bescheid vom 3. Januar 1901 bis zum 14. Juni 1901 hin. Schnitzler bestritt von Anfang an die Zuständigkeit des Militärs und berief sich auf seine literarische Tätigkeit.[12] Auf mehrere Ladungen des „Ehrenrätlichen Ausschusses für Landwehroffiziere und Kadetten“ reagierte er nicht. Das Ergebnis erfuhr Schnitzler deshalb aus der Zeitung, bevor ihm das Urteil schriftlich zuging. Ihm wurde sein Offiziersstatus aberkannt, weil durch die Veröffentlichung des *Lieutenant Gustl* in der „Neuen Freien Presse“

Berufung auf literarische Tätigkeit

Aberkennung des Offiziersstatus

> „die Ehre und das Ansehen der oesterr. ung. Armee geschaedigt und herabgesetzt wurde, sowie dass er gegen die persönlichen Angriffe der Zeitung Reichswehr keinerlei Schritte unternommen hat“[13].

---

11 Ebd.
12 Ebd., S. 254.
13 Ebd., S. 257.

Die „Neue Freie Presse“ nahm Schnitzler in einem Leitartikel vom 21. Juni 1901 in Schutz, indem sie auf den künstlerischen Status der Novelle hinwies:

Verteidigung der Novelle

> „Die literarische Grundidee zeigt einen so hohen Flug und ist so vollständig auf die scharfe Zergliederung eines Seelenzustandes gerichtet, dass jede kleinliche Tendenz ausgeschlossen war, und dass der Irrthum, Schnitzler habe das Offizierscorps verletzen wollen, nur entstehen kann, wenn der Schwerpunkt der Erzählung in die Äußerlichkeiten verlegt, ihr Sinn und Zweck gänzlich missverstanden wird.“[14]

Der Artikel betonte ferner, dass der Ehrenrat auf militärischer Grundlage urteile und Zensur übe.

Die „Reichswehr“ griff Schnitzler am nächsten Tag in einem Leserbeitrag an und erklärte, es komme nur darauf an, „was die Cameraden, was die Armee bei der Lektüre dieser Skizze empfunden und gemeint und was die Öffentlichkeit dazu gesagt hat“[15]. Der Beitrag verdeutlicht auch, wie außerhalb des Militärs gedacht wurde: „An allen Orten hört man es zischeln oder kichern: Ja, ja, so sind die Herren Officiere, ein Lieutenant Gustl neben dem andern, man kennt das“[16]. Damit widersprach die „Reichswehr“ sich selbst. Hatte die Zeitung am 28. Dezember 1900 noch behauptet, es gäbe keine Offiziere wie Gustl in der Armee, so hatte der Verfasser dieses Artikels vom 22. Juni 1901 Angst davor, dass die Öffentlichkeit diesen Typus wiedererkannte.

Missbrauch der Novelle

Die Kritik von Davis, das Ehrenratsverfahren und die Reaktionen in der Presse machen deutlich, dass Schnitzlers Novelle als

---

14 Ebd., S. 250.
15 Ebd., S. 251.
16 Ebd.

Mittel der politischen Auseinandersetzung zwischen dem liberalen Bürgertum und antisemitischen und militärischen Kreisen benutzt wurde. In der Sache erfuhr Schnitzler viel Unterstützung, und die meisten Zeitungen standen auf seiner Seite. Der Ehrenrat jedoch traf ihn an einer verwundbaren Stelle, indem sie ihn seines „Offizierscharakters für verlustig erklärt"[17]. Das Militär konnte es nicht ertragen, dass ein Angehöriger des Standes die Seelenlandschaft eines Leutnants so treffsicher darstellte.

Treffsichere Darstellung der Seelenlandschaft eines Leutnants

Dabei bestätigte der Ehrenrat die schon an der literarischen Figur Gustl deutlich gewordenen Züge. Der Ehrenrat war nicht in der Lage, Literatur als künstlerische und intellektuelle Leistung zu würdigen. Ihn interessierte allein das Ansehen des eigenen Standes und er forderte dafür Respekt ein. So erwartete der Rat von Schnitzler, dass er Davis wegen seines Artikels in der „Reichswehr" zum Duell forderte, und warf ihm vor, dass er dies unterließ. Eine solche bornierte Erwartung wäre bei realistischer Einschätzung Schnitzlers nicht möglich gewesen. So wie der Leutnant in der Novelle die Einschätzung des Bäckers von Gustl als dummem Buben bestätigt, so rechtfertigen der Ehrenrat und die Pressekampagne gegen Schnitzler das Verständnis Gustls als eine gelungene Darstellung eines weit verbreiteten Typus.

Der **Skandal** um *Lieutenant Gustl* hat der Verbreitung der Novelle nicht geschadet. Die erste Buchausgabe kam 1901 bei S. Fischer in Berlin heraus. Seitdem wird der Text einzeln oder in Zusammenstellungen immer wieder neu herausgebracht. Auch als Bühnenstück, Hör- und Fernsehspiel sowie auf Tonträgern (Schallplatte, Kassette, CD, Hörbuch) ist Schnitzlers Werk zugänglich.[18]

Skandal war Verbreitung der Novelle nicht abträglich

---

17 Ebd.

18 Vgl. Polt-Heinzl: *Erläuterungen und Dokumente. Arthur Schnitzler: Leutnant Gustl*, S. 111 und Knilli, Friedrich: *Lieutenant Gustl – ein k. u. k. Antisemit aus bundesrepublikanischer Sicht*, S. 139–164 sowie den Abschnitt Literatur dieser Erläuterung.

5. MATERIALIEN

ZUSAMMEN-FASSUNG

Die vorgelegten Materialien dokumentieren und diskutieren wesentliche sachliche, thematische und gestalterische Aspekte, die Eingang in Schnitzlers Novelle gefunden haben.
Sie spielt vor dem Ersten Weltkrieg, als das Gefühl der umfassenden Sicherheit weit verbreitet ist. Die Hauptfigur, Leutnant Gustl, entstammt dem absteigenden Bürgertum. Seine familiäre Erziehung ist defizitär, und das Militär ersetzt ihm die Familie. Er passt sich an die Denk- und Verhaltensmuster an und übernimmt die Urteilsformen und Vorurteile.
Schnitzler stellt den Leutnant als leeren Charakter dar, der ein hohes gesellschaftliches Ansehen genießt. Gustls Ehrbegriff ist rein äußerlich. Er charakterisiert das Militär als Sondergruppe, das eine Funktion im Machtgefüge der k. u. k. Monarchie hat. Leutnant Gustl steht für einen gesellschaftlichen Typus. Ebenso wie Gustl in der Novelle fühlt sich das Militär durch die Novelle durchschaut und schließt den Reserveoffizier Schnitzler aus ihren Kreisen aus. Die Novelle wird zum Instrument für die politische Auseinandersetzung der militärischen und antisemitischen Kreise gegen das Bürgertum. Der literarische Wert ist dabei irrelevant.
Schnitzler nutzt zum ersten Mal in der deutschen Literatur durchgängig den inneren Monolog. Seine Leistung für die Darstellung des Charakters, für die Struktur und Einheit der Novelle wird diskutiert.

Die Endzeit der k. u. k. Monarchie

Der Schriftsteller Stefan Zweig (1881–1942) beschreibt die Situation der Endzeit der k. u. k. Monarchie. Die Zeit vor dem Ersten Weltkrieg wurde als Epoche mit großer politischer, wirtschaftlicher und gesellschaftlicher Sicherheit erlebt:

„Wenn ich versuche, für die Zeit vor dem Ersten Weltkriege, in der ich aufgewachsen bin, eine handliche Formel zu finden, so hoffe ich am prägnantesten zu sein, wenn ich sage, es war das goldene Zeitalter der Sicherheit. Alles in unserer fast tausendjährigen österreichischen Monarchie schien auf Dauer gegründet und der Staat selbst der oberste Garant dieser Beständigkeit. Die Rechte, die er seinen Bürgern gewährte, waren verbrieft vom Parlament, der frei gewählten Vertretung des Volkes, und jede Pflicht genau begrenzt. Unsere Währung, die österreichische Krone, lief in blanken Goldstücken um und verbürgte damit ihre Unwandelbarkeit. Jeder wusste, wie viel er besaß oder wie viel ihm zukam, was erlaubt und was verboten war. Alles hatte seine Norm, sein bestimmtes Maß und Gewicht. Wer ein Vermögen besaß, konnte genau errechnen, wie viel an Zinsen es alljährlich zubrachte, der Beamte, der Offizier wiederum fand im Kalender verlässlich das Jahr, in dem er avancieren werde und in dem er in Pension gehen würde. Jede Familie hatte ihr bestimmtes Budget, sie wusste, wie viel sie zu verbrauchen hatte für Wohnung und Essen, für Sommerreise und Repräsentation, außerdem war unweigerlich ein kleiner Betrag sorgsam für Unvorhergesehenes, für Krankheit und Arzt bereitgestellt. (…) Niemand glaubte an Kriege, an Revolutionen und Umstürze. Alles Radikale, alles Gewaltsame schien bereits unmöglich in einem Zeitalter der Vernunft.

Goldenes Zeitalter der Sicherheit

„Alles hatte seine Norm, sein bestimmtes Maß und Gewicht."

Dieses Gefühl der Sicherheit war der erstrebenswerteste Besitz von Millionen, das gemeinsame Lebensideal. Nur mit dieser Sicherheit galt das Leben als lebenswert, und immer weitere Kreise begehrten ihren Teil an diesem kostbaren Gut. Erst waren es nur die Besitzenden, die sich dieses Vorzugs erfreuten, allmählich aber drängten die breiten Massen heran. (...)

Unaufhaltsamer Fortschrittsglaube im 19. Jahrhundert

In diesem rührenden Vertrauen, sein Leben bis auf die letzte Lücke verpalisadieren zu können gegen jeden Einbruch des Schicksals, lag trotz aller Solidität und Bescheidenheit der Lebensauffassung eine große und gefährliche Hoffart. Das neunzehnte Jahrhundert war in seinem liberalistischen Idealismus ehrlich überzeugt, auf dem geraden und unfehlbaren Weg zur besten aller Welten zu sein. Mit Verachtung blickte man auf die früheren Epochen mit ihren Kriegen, Hungersnöten und Revolten herab als auf eine Zeit, da die Menschheit eben noch unmündig und nicht genug aufgeklärt gewesen. Jetzt aber war es doch nur eine Angelegenheit von Jahrzehnten, bis das letzte Böse und Gewalttätige endgültig überwunden sein würde, und dieser Glaube an den ununterbrochenen, unaufhaltsamen Fortschritt hatte für jenes Zeitalter wahrhaftig die Kraft einer Religion; man glaubte an diesen Fortschritt schon mehr als an die Bibel, und sein Evangelium schien unumstößlich bewiesen durch die täglich neuen Wunder der Wissenschaft und der Technik. (...)

Auch im Sozialen ging es voran; von Jahr zu Jahr wurden dem Individuum neue Rechte gegeben, die Justiz linder und humaner gehandhabt, und selbst das Problem der Probleme, die Armut der großen Massen, schien nicht mehr unüberwindlich. Immer weiteren Kreisen gewährte man das Wahlrecht und damit die Möglichkeit, legal ihre Interessen zu verteidigen, Soziologen und Professoren wetteiferten, die Lebenshaltung des Proletariats gesünder und sogar glücklicher zu gestalten – was Wunder darum, wenn dieses Jahrhundert sich an seiner eigenen Leistung sonnte und jedes beendete Jahrzehnt nur als die Vorstufe eines besseren empfand? An barbarische Rückfälle, wie Kriege zwischen den Völkern Europas, glaubte man so wenig wie an Hexen und Gespenster; beharrlich waren unsere Väter durchdrungen von dem Vertrauen auf die unfehlbar bindende Kraft von Toleranz und Konzilianz. (...) Heute, da das große Gewitter sie längst zerschmettert hat, wissen wir endgültig, dass jene Welt der Sicherheit ein Traumschloss gewesen. Aber doch, meine Eltern haben darin gewohnt wie in einem steinernen Haus. Kein einziges Mal ist ein Sturm oder eine scharfe Zugluft in ihre warme, behagliche Existenz eingebrochen: Freilich hatten sie noch einen besonderen Windschutz: Sie waren vermögende Leute, die allmählich reich und sogar sehr reich wurden, und das polsterte in jenen Zeiten verlässlich Fenster und Wand. Ihre Lebensform scheint mir dermaß typisch für das sogenannte gute jüdische Bürgertum, das der Wiener Kultur so wesentliche Werte gegeben hat und zum Dank dafür völlig ausgerottet wurde, dass ich mit dem Bericht ihres gemächlichen und lautlosen Daseins eigentlich etwas Unpersönliches erzähle: so wie meine Eltern haben zehntausend oder zwanzigtausend Familien in Wien gelebt in jenem Jahrhundert der gesicherten Werte."[19]

Welt der Sicherheit ist Traumschloss

Vergleich zwischen *Lieutenant Gustl* und *Fräulein Else*

Ausgehend von Gustls Familie und im Vergleich mit der Erzählung *Fräulein Else* untersucht Rolf Allerdissen die Bedeutung von Militär und Duell für die Hauptperson der Novelle. Das Militär ist für Gustl

---

19 Zweig, Stefan: *Die Welt von gestern. Erinnerungen eines Europäers.* Frankfurt/Main: Fischer, [34]2003, S. 14–17.

eine Ersatzfamilie, in der er die fehlende Anerkennung sucht. Daher versetzt ihn die Konfrontation mit dem Rechtsanwalt und dem Bäckermeister in eine bedrohliche Krise, die er nicht von sich aus bewältigen kann:

Gustls Familienverhältnisse

„Der Leser kann sich (...) folgendes Bild zusammensetzen: Der etwa dreiundzwanzig Jahre alte Gustl ist Sohn eines höheren Beamten, der allerdings vor nicht allzulanger Zeit offensichtlich gegen seinen Willen aus dem Dienst ausschied, was die in ihrem Ehrgefühl verletzte Mutter mit der Beeinträchtigung ihrer Gesundheit bezahlen musste. Gustls ältere Schwester Klara ist immer noch nicht verheiratet, obwohl ein wohlhabender Onkel wahrscheinlich für die von den Eltern nicht aufzubringende Mitgift aufkommen könnte. Der Onkel besitzt ein Landgut in Ungarn, auf dem Gustl unwillig seine Ferien verbringt, offensichtlich nur aus dem Grund, den Onkel bei guter Laune zu halten, denn dieser hat bereits einige Schulden beglichen, die Gustl im Spiel machte. Der Onkel unterstützt seinen Neffen auch sonst, wenn auch unregelmäßig und unter für Gustl eher beschämenden Bedingungen. Die für Gustl eigentlich vorgesehene bürgerliche Laufbahn als Ökonom scheiterte an seinem Hinauswurf aus dem Gymnasium. Wie beim Stellungsverlust des Vaters wird auch hier keine exakte Begründung gegeben, da Gustl aber nicht ein Wort der Selbstrechtfertigung in dieser Angelegenheit findet, muss angenommen werden, dass die Vorkommnisse in der Tat nur gegen ihn sprechen. Da eine Karriere als Kavallerieoffizier aus finanziellen Gründen unerreichbar war, musste Gustl sich nach dem Besuch der Kadettenschule mit der weniger glanzvollen Laufbahn bei der Infanterie begnügen; hier hofft er, durch schneidiges Auftreten und prononciertes Eintreten für die Offiziersehre schneller befördert zu werden. Gustls Familie befindet sich demnach in einem durchaus negativ zu beurteilenden Zustand. Die Wahrung der äußeren Formen kann nicht über die defizitäre Substanz hinwegtäuschen, so dass Gustls Selbstwertgefühl sich in dieser Beziehung auf nichts stützen kann.

Parallele zu *Fräulein Else*

Diese Ausgangssituation ist in Schnitzlers Werk keine Ausnahme: Die deutlichste Parallele findet sich in *Fräulein Else*, wo die Familienverhältnisse geradezu systematisch umgekehrt angeordnet erscheinen; statt Gustl steht die Schwester in Gestalt Elses im Vordergrund, Gustl hat sich in den leichtlebigen Bruder Rudi verwandelt, statt dessen reichem Onkel erscheint die wohlhabende Tante, von der Else genauso ausgehalten wird wie Gustl von seinem Onkel. Die Eltern schließlich scheinen dieselben zu sein: ein Vater, mit dessen bürgerlich-moralischen Grundsätzen offenbar einiges nicht stimmt, eine schwache, völlig im Äußerlichen aufgehende Mutter, die von allem, was wirklich vorgeht, keine Ahnung hat. Was Schnitzler darstellen will, ist überdeutlich: Das Individuum Gustl (und Else) kann sich nicht auf jene Identität berufen, die einem Kind ganz grundsätzlich von seinen Erzeugern verliehen wird. Damit ist das Existenzproblem beider Figuren umrissen; ihr Leben ist beherrscht von Kompensationsversuchen, die diesen ontologischen Makel aufheben sollen. Ihre eigentliche Menschwerdung, die im Allgemeinen gesicherter und nur noch auszubauender Besitz ist, wird ihnen als noch zu bewältigende Aufgabe gesetzt. Gustl zerbricht an diesem ungeheuren Anspruch; auch die unmittelbare Todesdrohung, die im Grunde seine einzige Chance gewesen wäre, vermag daran nichts zu ändern, da sie aus dem nicht tragfähigen Grund von Pseudo-Werten entspringt und aus dem selbst um sich herum gezogenen Kreis von Identitäts-Substituten nicht herausführt.

Existenzproblem beider Figuren

Identitätslosigkeit

Elses Schicksal ist ein anderes, schon deshalb, weil ein viel stärker – wenn auch nicht ausschließlich – von außen bestimmtes Ereignis sie zur Reaktion zwingt. Ihr Verhalten hat einen durchaus aktiven Zug, wohingegen Gustl im Grunde in völliger Passivität verharrt. Die Armee, in die er eintrat, ist nicht in der Lage, diesen Grundzug seines Wesens zu verändern: Ohne eigentliche Funktion erschöpft sich der Dienst in formalen Tätigkeiten und sinnentleerten Übungen. Gustl spürt allerdings ein ausgeprägtes Ungenügen an diesen seinem inneren Zustand so fatal entsprechenden Verhältnissen, deshalb – und nicht aus einem moralisch verwerflichen Aggressionstrieb heraus – bedauert er, dass ihm das Erlebnis der Sinnwerdung des Soldatenseins nicht zuteil wurde: ‚Etwas hätt' ich gern noch mitgemacht: einen Krieg' (HL S. 22 /R S. 31). Die Erfüllung seines Offiziersdaseins bleibt ihm also versagt, trotzdem verteidigt Gustl das Wesen der soldatischen Existenz mit krampfhaftem Eifer.

Militär ersetzt Familie

Es bleibt ihm auch nichts anderes übrig: An die Stelle der fehlenden familiären Identitätssicherung ist diejenige der Armee getreten. Sie vermittelt jenen Halt, ohne den Gustl verloren ist, gerade auch im zwischenmenschlichen Bereich. Daher Gustls Betonung der Kameradschaft unter den Offizieren: ‚Ein braver Kerl, der Kopetzky!' (HL S. 5 /R S. 7); ‚Oh, ein Major von Fünfundneunzig ... Sehr liebenswürdig hat er gedankt ...' (HL S. 10 /R S. 14); ‚Manchmal sind's ganz nette Burschen, die Einjährigen ...' (HL S. 15 f. /R S. 22); ‚Sehr leutselig war Seine Hoheit – ein echter Kamerad, mit allen auf du und du ...' (HL S. 21 /R S. 30); ‚Und der Lippay war so beliebt ...' (HL S. 23 /R S. 33). Die Armee stellt ihm in den Vorgesetzten aber auch Vaterfiguren zur Verfügung, an deren Achtung und Bestätigung seines Wertes Gustl beständig denkt: In erster Linie ist es Gustls Oberst, der auch sein Duell mit dem Juristen als schneidige Tat anerkennt: ‚der Oberst sagt auch, es war absolut korrekt. Wird mir überhaupt nützen, die Sache.' (HL S. 8 /R S. 11); ‚Ich werd' zum Obersten geh'n und ihm die Sache melden ... (...) Der Oberst ist immer sehr freundlich (...) Was wird der Oberst

Gustl sucht Vaterfigur

sagen?' (HL S. 12 f. /R S. 18) ‚Jetzt heißt's nur mehr, im letzten Moment sich anständig benehmen, ein Mann sein, ein Offizier sein, so dass der Oberst sagt: Er ist ein braver Kerl gewesen, wir werden ihm ein treues Angedenken bewahren!' (HL S. 16 /R S. 23).

In der Gewissheit des Anerkanntwerdens durch die Ersatzfamilie erlebt Gustl die einzigen seelischen Höhepunkte seines Lebens, hier stellt sich – jedenfalls für Augenblicke – jene Übereinstimmung mit sich selbst dar, deren Mangel oder Verlust für Gustl eine tödliche Bedrohung bedeuten: ‚Wenn ich mich so erinner', wie ich das erstemal den Rock angehabt hab', so was erlebt eben nicht ein jeder …' (HL S. 9 /R S. 12). Allerdings: Das erlebt nur der in dieser Weise, der sich von der Zugehörigkeit zur Armee die Restitution seines zerbrochenen Ichs erhofft. ‚Und dann, wie seine Hoheit die Front abgeritten sind, und die Ansprache vom Obersten – da muss Einer schon ein ordentlicher Lump sein, wenn ihm das Herz nicht höher schlägt …' (HL S. 9 /R S. 13). Von hierher ist die Bemerkung des Doktors: ‚Herr Lieutenant, Sie werden mir doch zugeben, dass nicht alle Ihre Kameraden zum Militär gegangen sind, ausschließlich um das Vaterland zu verteidigen!' (HL S. 8 /R S. 12) als bedrohlicher Angriff auf Gustl im doppelten Sinne zu verstehen: Einmal erkennt Gustl augenblicklich, dass die Unauthentizität seiner Existenz durchschaut worden ist, zum anderen stellt der Doktor zugleich noch die Grundlagen seiner neuen existentiellen Sicherheit in Frage. Das Duell mit dem Doktor ist daher keine Bagatelle, Gustl muss ihn im Grunde töten, um den einzigen Zeugen, der ihn von neuem in die bodenlose Leere seiner Ichlosigkeit stürzen könnte, zu beseitigen. Es ist selbstverständlich die gleiche Bedrohung, die für Gustl auch vom Bäckermeister ausgeht; dass er das Duell nicht so ernst nimmt, ist lediglich Gustls Überzeugung zuzuschreiben, dass er bei dieser Auseinandersetzung den Vorwurf

Anerkennung durch Ersatzfamilie als seelischer Höhepunkt

Infragestellung der falschen Existenz Gustls

„Bodenlose Leere seiner Ichlosigkeit"

Gustls tragische Blindheit

siegreich aus der Welt schaffen kann. Seine tragische Blindheit besteht darin, nicht zu erkennen, dass ihm im Bäckermeister bereits der nächste Zeuge aufgestanden ist; er ahnt es zwar, aber sein Entsetzen gründet sich ausschließlich auf die Tatsache, dass das Verhalten dieses Mannes ihm eine ehrenvolle Beseitigung der Bedrohung absolut unmöglich macht. Daher ist aus seiner Sicht die Erleichterung über den plötzlichen Tod Habetswallners völlig begründet: Der erste Feind ist erledigt, den zweiten wird er am Nachmittag erledigen."[20]

Über den inneren Monolog

Im Vergleich mit Dujardin und Freud bestimmt Michael Worbs die Leistung des inneren Monologs bei Schnitzler als Möglichkeit, den Charakter der Hauptperson aus ihrem Inneren heraus darzustellen:

Schnitzler erweitert die Möglichkeiten des inneren Monologs

„Der Schritt von Dujardin zu Schnitzler ist nämlich ein großer. Die im inneren Monolog angelegte und von Arthur Schnitzler genial erfasste Möglichkeit, die Überlagerung der verschiedenen Erinnerungsschichten, das assoziative Springen der Gedanken vom Gegenwärtigen zu Vergangenem und die damit in radikaler Weise ermöglichte Charakterisierung des Helden vom Innenleben her hat Dujardin fast völlig ungenützt gelassen. In der vom Sujet her – geschildert wird die oberflächliche Liebesbeziehung eines jungen Herrn aus gutem Hause zu einer Schauspielerin aus der Pariser Demimonde – so schnitzlerisch anmutende Novelle gibt es zwar wunderbar impressionistisch anmutende Schilderungen der auf den zweifelhaften Helden Daniel Prince eindringenden Eindrücke

---

20 Allerdissen, Rolf: *Arthur Schnitzler. Impressionistisches Rollenspiel und skeptischer Moralismus in seinen Erzählungen.* Bonn: Bouvier, 1985, S. 15–17.

von der hektischen, brodelnden, schillernden Großstadt Paris, die an die Gemälde der impressionistischen Malerei denken lassen, aber die seit Schnitzler von Joyce bis Böll demonstrierte Fähigkeit des inneren Monologs zu einer literarischen Psycho-Analyse wird nicht genutzt. Die Assoziationen Daniels bleiben erstaunlich geordnet, oszillieren auf der Linie des Gegenwärtigen, überschreiten (...) die zeitliche Grenze der von 6 Uhr abends bis Mitternacht spielenden Novelle kaum. Schnitzler selbst hat mit Stolz den Abstand zwischen ihm und Dujardin betont. Diesem sei zwar das Verdienst der Erfindung zuzuschreiben, er aber habe erstmals das neue Instrument sinnvoll einzusetzen vermocht. Dass ihm Freuds seitenlange, mit allem talmudischen Scharfsinn verfasste Deutungen von ganzen Assoziationsnetzen für die Ausführung der Novelle Anregungen gaben, kann für außerordentlich wahrscheinlich gelten. Gerade die – im Vergleich zur Novelle Dujardins – ungemein überlegte Komposition der Assoziationen Gustls legt dies nahe. Auch die Einfälle des Träumers sind ja – wie Freud entdeckt hat – keine freien. Ihr Chaos ist ein scheinbares – wie das des Leutnants."[21]

Anregung durch Freuds Deutung von Assoziationsketten

Manfred Jäger betont, dass sich im genau angegebenen zeitlichen Ablauf das im inneren Monolog wiedergegebene innere Geschehen mit dem äußeren Geschehen trifft:

„Die Einheitlichkeit ist dadurch gesichert, dass es vom Anfang bis zum Ende nur die Gedankenwelt der Titelfigur gibt, die sich gleichsam von selbst aufblättert. Der Erzähler Schnitzler ist unsichtbar, er taucht nicht einmal momentweise auf, so gut ist das Versteck, das er sich gesucht hat. Seine Spuren sind getilgt. Kein Gedanke wird vorgebracht, den der Held seinem Charakter und Sozialstatus

Ausschließlich Gedankenwelt der Titelfigur

21 Worbs, Michael: *Nervenkunst. Literatur und Psychoanalyse im Wien der Jahrhundertwende*, S. 241.

nach nicht haben könnte. Die Durchschnittlichkeit der Figur mit ihren typischen, von Herkunft und Bildung geprägten Denkstrukturen ermöglicht die Erzähleinheit. Da Gustl nichts Außergewöhnliches an sich hat, bedarf er auch keiner weiteren Erklärung. Der Deus ex Machina, der den Leutnant schließlich vom Selbstmord suspendiert, ist brutaler Zufall und gehört zur gestellten äußeren Szenerie, vor deren Wandel sich um so greller zeigt, wie der Held sich immer gleichbleibt. Auch darin sich gleichbleibt, dass er nie Distanz zu sich selbst findet, seine logischen Widersprüche nicht bemerkt und sich nie kritisch zu eigenen Gedanken, Entschlüssen und Taten zu äußern vermag. Indem sich der Leutnant am Ende der Geschichte an demselben Punkt befindet wie an ihrem Beginn, beschreibt die Handlung eine Kreisfigur.

Der Held bleibt sich immer gleich

Handlung als Kreisfigur

Kontrastbildend: Linearer Zeitverlauf

Im Kontrast zu ihr steht der lineare Zeitverlauf, der die vollständige Kontinuität garantiert. Der Einsatz erfolgt mitten in einem Oratorienkonzert gegen 21.45 Uhr, das Ende am folgenden Morgen gegen 6 Uhr. Die beiden Eingangssätze lauten: ‚Wie lange wird denn das noch dauern? Ich muss auf die Uhr schauen ...'. Die Mehrdeutigkeit der ersten Frage macht ausdrücklich auf den Zeitfaktor aufmerksam: Auf der Ebene des bloßen Geschehens erscheint die Ungeduld des Konzertbesuchers wider Willen. Dahinter wird aber auch die oft beschriebene Müdigkeit sichtbar, die im Erleben der Menschen mit dem allmählichen Untergang der Donaumonarchie korrespondierte. Wer noch weiter gehen will, mag hier nachträglich auch die Sehnsucht nach einem Krieg wiederfinden, der Gustl später mehrfach Ausdruck gibt. Innerhalb der Erzählstruktur aber deutet dieser erste Satz den Ausschnittcharakter an: Hier beginnt nichts, hier ist nur ein Vorhang aufgezogen worden, der den Blick freigibt. Zu vermuten ist schon hier, dass solchem Beginn schwerlich ein abruptes Ende entsprechen wird. Der tragische Ausgang ist ausgeklammert, alles wird noch weitergehen, auch wenn der Vorhang wieder gefallen ist. Auf die Uhr geschaut wird während des etwa acht Stunden umfassenden Geschehens noch öfter: z. B. zählt Gustl die Stundenschläge.

Einheit von Reflexion und äußerer Handlung

Im Zeitfaktor müssen sich kontinuierliche Reflexion und äußere Handlung, die sich nur gelegentlich verdichtet, finden. Die Ausgangssituation ist eine höchst plausible Einheit beider Elemente. Während der Aufführung eines Oratoriums entzündet sich wie von selbst das abirrende, assoziative Denken, vor allem bei einem so wenig an Musik interessierten Besucher. Der Leser kann hier seine eigenen Erfahrungen investieren, so dass weder Erläuterungen notwendig werden noch Unklarheiten entstehen. Weiterhin ist die freie Verfügbarkeit über die Gedanken unmittelbar einleuchtend: In dieser Situation kann einem alles einfallen, d. h., Schnitzler kann notwendige Vorgeschichte hereinholen, ohne eine deutliche Rückblende einschalten zu müssen: Gedanken über Vergangenes sind gegenwärtige Gedanken– folglich bleibt die Erzählweise kontinuierlich. Soweit hier Rückblende vorkommt, ist sie erinnertes Zitat."[22]

Manfred Jäger erarbeitet an der Darstellung Gustls im nächtlichen Prater die Ausblendung der Außenwelt und ihre Einbindung in das innere Geschehen als Merkmal des inneren Monologs. Die Intensivierung des Augenblicks blendet andere Erzählformen aus und bewirkt die Strukturierung des Textes:

„Einheitlichkeit und Kontinuität werden durch die Intensität der Darstellung, nicht nur vom Subjekt her, sondern im Subjekt selbst,

---

22 Jäger, Manfred: *Schnitzlers Leutnant Gustl.* In: Wirkendes Wort, Bd. 15, 1965, S. 308 f.

Vollständige Integration der Außenwelt in das Bewusstsein Gustls

ergänzt. Wo nicht gesprochen wird, ist die Außenwelt vollständig in das Bewusstsein des denkend Monologisierenden integrierbar. Das Wahrnehmungs- und Registriervermögen des Subjekts saugt alles Äußere an. Diese unmittelbare Intensität des Augenblicks bindet das amorphe Ineinander zusammen und strukturiert eine Erzählform, die sich grundsätzlich von der Ich-Erzählung unterscheidet, in der der Berichter einen von ihm bis zum Ende überblickten Vortrag hält. Noch weiter entfernt ist diese Form von den Ausdrucksmöglichkeiten des Briefs oder Tagebuchs, die sich von dem gegenwärtigen Zeitpunkt der schriftlichen Niederlegung in die Vergangenheit zurückbewegen. In einer Monologerzählung von der Art des *Lieutenant Gustl* bekommt der Held nicht jene Distanz zugemessen, von der aus Ordnung in die Gedanken zu bringen wäre. Vor dem Leser existiert er zudem als Figur nur in seinen Assoziationen und emotionellen Reaktionen. Im Vergleich zum Erzählungstypus des 19. Jahrhunderts ist in gewisser Hinsicht eine Reduktion erfolgt: Wir lernen z. B. keine physiognomischen Details kennen. Die Abstraktion ermöglicht jedoch in anderer Hinsicht gerade eine Intensivierung: Mit den Gefühlen und Gedanken der Titelgestalt, die nur in ihnen Gestalt wird, erfolgt zugleich die Apperzeption der Außenwelt. Was andernorts dem Bericht des Autors oder der erlebten Rede zufällt, jener Zwischenstufe, die den Blick aus der Figur mit dem außerhalb befindlichen Verfasserstandpunkt verknüpfte, hat sich verselbständigt. Mitteilungen über Gustls Elternhaus erscheinen als einfühlende Stellungnahmen, etwa in dem folgenden Satz, in dem Gustl sich an die Mama erinnert: ‚Ich an ihrer Stelle wär' froh, dass der Papa in Pension gegangen ist.'"[23]

Bewusste Wahrnehmung der Außenwelt

———

23 Ebd., S. 309.

Gustl als Prototyp

Die Treffsicherheit der Darstellung der Hauptfigur wird durch eine Akteneintragung bestätigt. Gustl wird als Prototyp wiedererkannt:

Prototyp des aus der Kadettenschule hervorgegangenen jüngeren Offiziers

„In der erwähnten Novelle der ‚Neuen Freien Presse' wird dem Helden (...) eine so gemeine und niedrige Handlungsweise zugeschrieben, wie sie nur die verworfendste Phantasie einem auf der niedrigsten Bildungs- und Kulturstufe stehenden Individuum zumuthen könnte. Dem Verfasser genügt es aber nicht, den Lieutenant Gustl als das Prototyp von Indolenz, Gemeinheit und Charakterlosigkeit hinzustellen, er lässt es deutlich durchblicken, dass mit dieser Charakterisierung eine ganz besondere Categorie von jüngeren Officieren gemeint ist, nämlich, den aus den Cadettenschulen hervorgegangenen jüngeren Officier."[24]

Mit der Darstellung Gustls als eines Typus wird auch sein Ehrbegriff, auf den er sich bezieht, als zeitlich und sozial bedingt deutlich. Er wird nur als in äußerer Hinsicht in Verwendung durch eine gesellschaftliche Gruppe gebraucht. Zur Definition des Begriffs Ehre:

Ehrbegriff

„Der Begriff der Ehre weist zwei Aspekte auf, den äußeren und den inneren. Ehre (1) äußere Wertschätzung einer Person, v. a. als Ansehen, Reputation; (2) Selbstachtung v. a. in Kontexten des Verhinderns von möglichen Beschämungen oder des Nicht-Hinnehmens von Beleidigungen. Dass diese innere von äußerer E. unterschieden wird, ist Ausdruck davon, dass die Bedeutung von E. als einem empfindlichen Gut, das öffentlich geschätzt und verteidigt werden muss, in den westlich orientierten Kulturen abnimmt. Angriffe auf die E. werden heute weniger als solche wahr-

24 Zitiert nach: Foster, Ian: *Leutnant Gustl. The military, the press and prose fiction*, S. 191.

genommen und interpretiert. Ob allerdings die Moral als Normensystem reiner Innerlichkeit die Ehre vollständig abgelöst hat, ist zu bezweifeln. In der Rechtsprechung gehen zwar Ehrenprozesse deutlich zurück, und auch informelle Ehrenkodices, an denen sich das Verhältnis der Einzelnen verbindlich ausrichtet, sind heute nicht mehr für alle gesellschaftlichen Gruppen zu rekonstruieren. Dennoch spielt die E. als Furcht vor der Meinung der anderen (Schopenhauer) auch dann noch eine Rolle, wenn es nur wenige eindeutig identifizierbare Gruppennormen gibt. – Angesichts der historisch-kulturell ausdifferenzierten verschiedenen Standes- und Berufs-E.n ist die relative Uniformität geschlechtergebundener Ehrencodes über Epochen- und Kulturgrenzen hinweg auffällig und erklärungsbedürftig."[25]

---

25 Prechtl, Peter u. Burkhard, Franz-Peter (Hrsg.): *Metzler Philosophie Lexikon*. Stuttgart: Metzler, 1996, Stichwort „Ehre".

6. PRÜFUNGSAUFGABEN MIT MUSTERLÖSUNGEN

Unter www.königserläuterungen.de/download finden Sie im Internet zwei weitere Aufgaben mit Musterlösungen.

Die Zahl der Sternchen bezeichnet das Anforderungsniveau der jeweiligen Aufgabe.

Aufgabe 1 ***

Untersuchen Sie die Bedeutung der Familie und des Militärs für Gustl.

Mögliche Lösung in knapper Fassung:

HINFÜHRUNG ZUM THEMA

Der Titel der Novelle verweist auf die Hauptperson und die Instanzen, die ihre Entwicklung beeinflusst haben. Gustl erscheint im Titel mit seinem militärischen Rang und seinem familiären und kameradschaftlichem Kosenamen. Ein Nachname wird nirgends im Text genannt.

ANALYSE EINES TEILASPEKTS DES THEMAS

Gustl entstammt einer bürgerlichen Familie, die abgestiegen ist. Die finanzielle Situation ist beengt. Die ältere Schwester ist noch nicht verheiratet. Offenbar können sie die Eltern nicht mit einer angemessenen Mitgift ausstatten. Gustls Bildungslaufbahn ist abgebrochen. Ursprünglich hat er studieren wollen, aber seine Schullaufbahn ist abgebrochen, und so bleiben ihm nur die Kadettenanstalt und die militärische Laufbahn. Allerdings ist ihm die Kavallerie verschlossen, weil er sich kein Pferd leisten kann.Das Militär wird zur Ersatzfamilie.

ERGEBNIS

Mangelnde intellektuelle und finanzielle Voraussetzungen haben Gustls Möglichkeiten begrenzt. Er unterwirft sich der Macht und Autorität.

ÜBERLEITUNG

Gustl verkörpert die Denk- und Verhaltensnormen seiner Klasse: des Bürgertums und des Militärs. Er hat Vorurteile gegenüber Frauen, Zivilisten und Juden.

Frauen spielen für Gustl nur im Zusammenhang mit Freizeit und Vergnügen eine Rolle. Er ist nur fähig, sich mit ihnen zu vergnügen. Er ist unfähig, eine Bindung einzugehen. Er ist nicht in der Lage, eine Person als gleichrangig anzuerkennen. Er sieht jede Person in einer Hierarchie. Gegenüber anderen Menschen kennt er nur Überlegenheit oder Unterwerfung.

ANALYSE EINES ZWEITEN TEILASPEKTS DES THEMAS

Er orientiert sich an den Erwartungen seiner Vorgesetzten und seiner Kameraden. Der Anstand, das standesgemäße Verhalten, ist für Gustl maßgeblich. Er ist bestrebt, sich in allen Situationen anständig zu verhalten. Ehre und Duell sind maßgebliche Werte des Militärs, die Gustls Denken und Verhalten steuern.

Gustl langweilt sich im Konzert. Bildung ist für Gustl nur ein oberflächliches Ereignis. Seine Gedanken gehen währenddessen spazieren. Er fragt sich, ob alle Sängerinnen anständig sind, und beneidet seinen Kameraden, der zur gleichen Zeit schon im Wirtshaus sitzt. Auch denkt er an das Duell, das am nächsten Tag stattfindet. Zu dem Duell kommt es, weil Gustl sich durch eine Äußerung getroffen fühlt. Aber es belastet ihn nicht, da sein Gegner Reserveoffizier ist, der im Umgang mit Waffen ungeübt ist. Er hat sich einen unterlegenen Gegner ausgesucht. Als er von einem anderen Zuschauer als gelangweilter Banause erkannt wird, wird er aggressiv und stellt sich vor, ihn nachher im Foyer zu stellen. Befriedigt stellt er fest, dass der Zuschauer seinem Blick ausweicht. Seine Stimmung schlägt schnell um: von Langeweile in Aggression, in Selbstzufriedenheit.

Als er nach dem Konzert mit dem Bäckermeister aneinandergerät, unterlässt er die Ehrennotwehr und ist damit nicht mehr satisfaktionsfähig. Er fällt aus der Ordnung, die ihm Sicherheit gibt, heraus. Er hat seine Ehre verloren und kann sie nicht wieder herstellen. Zusammenstöße mit Angehörigen derjenigen gesellschaftlichen Kräfte, denen er sich überlegen fühlt, machen Gustl handlungsunfähig. Er muss sich duellieren, darf es aber nicht mehr. Gustl ist durchschaut, als gelangweilter Konzertbesucher, als abgebrochener Bildungsbürger, als entwaffneter Offizier. Er fällt aus der tragenden gesellschaftlichen Ordnung heraus und wird auf sich selbst in seiner Leere zurückgeworfen. Ihm wird als Mann und Offizier die Anerkennung versagt.

ERGEBNISSE

KONSEQUENZEN

Mit seinem Verhalten nach den Vorfällen bestätigt Gustl die Richtigkeit dieser Einschätzung. Er sucht nach Auswegen. Er macht sich vor, dass er sich umbringen will. Er gefällt sich in der heroischen Vorstellung, ohne ernsthaft den Plan dazu gefasst zu haben. Die Verwirklichung schiebt er immer mehr hinaus. Er stellt sich vor, wie die Kameraden und seine Familie reagieren werden. Er sucht die Schuld bei anderen Personen. Je länger er redet, desto mehr fällt die Fassade von ihm ab. Doch am Ende wendet sich sein Schicksal durch den Tod des Bäckermeisters. Es gibt jetzt keinen Zeugen seiner Schmach. Gustl kann wieder auftreten wie zuvor. Er ist gerettet nicht durch Einsicht und Läuterung, sondern durch eine ironische Pointe des Schicksals. Das Duell gegen den jüdischen Rechtsanwalt kann stattfinden; sein Ausgang ist absehbar. Gustl wird wieder von der gesellschaftlichen Ordnung getragen.

ZUSAMMEN-FASSUNG

Gustl hat es nicht gelernt, frei und verantwortlich in Anerkennung einer lebendigen Wertordnung zu leben. Gustls Denken und Verhalten werden durch äußere und konventionelle Instanzen gesteuert. Die zentralen Begriffe sind leer, das Verhalten ist rituell. Er stellt sich nicht seiner Lebenslüge, sondern sucht kleinliche Auswege. Er ergeht sich in Selbstmitleid und verschiebt die Schuld auf andere. Die Lösung seines Problems kann er sich nicht erarbeiten. Er kreist immer um dieselben Gedanken. Die Lösung gewährt ihm die Ironie des Schicksals. Gustl hat sich die begrenzten Denk- und Verhaltensweisen seines Standes zu Eigen gemacht. Er repräsentiert den Typus des Leutnants mit seinen gesellschaftlichen Deformationen in der Donaumonarchie vor dem Ersten Weltkrieg.

Aufgabe 2 ***

Untersuchen Sie das Menschenbild in Arthur Schnitzlers Novelle *Lieutenant Gustl*. Stellen Sie dar, wie es im Text gestaltet ist und ordnen Sie es in die geistige Situation der Entstehungszeit ein.

Mögliche Lösung in knapper Fassung:

HINFÜHRUNG ZUM THEMA

Schnitzlers Texte haben den Charakter von Studien. Ein Charakter, eine Beziehung, ein Vorfall wird präzise dargestellt und analysiert.

ANALYSE EINES TEILASPEKTS DES THEMAS

Die Novelle *Lieutenant Gustl* untersucht das Verhalten der Hauptfigur in einer krisenhaften Situation, in die sie durch zwei Vorfälle geraten ist. Als er sich im Konzert langweilt, gehen seine Gedanken spazieren. Er denkt an das Duell, das er am nächsten Tag mit einem Rechtanwalt austragen soll. Dazu ist es gekommen, weil er eine auf einer Gesellschaft gefallene Äußerung, nach der nicht alle aus Patriotismus Offiziere werden, wegen seiner abgebrochenen Schullaufbahn auf sich bezieht. Der zweite Vorfall ist ein Handgemenge, auf das sich Gustl nach dem Konzert einlässt. Er fühlt sich von einem Zivilisten aufgehalten und als Offizier nicht ehrerbietig behandelt. Nachdem er diesen beleidigt hat, fasst ihm dieser an den Säbel, droht ihn zu zerbrechen, die Stücke an seinen Kommandeur zu schicken und bezeichnet ihn als dummen Buben. Seiner körperlichen Stärke hat Gustl nichts entgegenzusetzen.

Trotz seiner Erregung verhält sich der Bäckermeister so kontrolliert, dass die Umstehenden nichts von dem Vorgang bemerken. Gustl ist unsicher, was eigentlich geschehen ist.

Gustl ist gleich mehrfach durchschaut und bloßgestellt: als gelangweilter Konzertbesucher, als abgebrochener Bildungsbürger, als entwaffneter Offizier. Ihm wird als Mann und Offizier die Anerkennung versagt.

TEILERGEBNIS

Die beiden Vorfälle machen ihn handlungsunfähig. Nach den militärische Denk- und Verhaltensweisen, die er sich zu eigen gemacht hat, muss er sich duellieren, darf es aber nicht mehr, weil er die Ehrennotwehr unterlassen hat.

ANALYSE EINES WEITEREN TEILASPEKTS DES THEMAS

Der innere Monolog stellt die Versuchsanordnung dar, durch welche Gustl als Individuum isoliert und unter gesellschaftlichem Druck stehend in seinem Verhalten beobachtet werden kann. Anhand seiner Äußerungen und seines Verhaltens wird er als Individuum mit gescheiterter Sozialisation dargestellt, voll von Vorurteilen und Aggression gegen Frauen, Juden, Zivilisten, das auf Grund seiner gesellschaftlichen Zugehörigkeit ohne Verdienst Privilegien und Respekt genießt. In Wirklichkeit ist er innerlich hohl und leer. Er kann den von ihm erwarteten Standards nicht entsprechen. Was er an Äußerungen von sich gibt, ist unverarbeitet übernommen. Gustl hat es nicht geschafft, sich durch familiäre und gesellschaftliche Sozialisation zu einer selbstbewussten Persönlichkeit zu entwickeln. Er tut, was man von ihm erwartet. Je nach Situation ordnet er sich unter oder kostet seine Überlegenheit aus.

Im inneren Monolog lernt der Leser nicht nur Gustls Emotionen, Vorurteile und Einstellungen, seine bewussten und unbewussten Gedanken kennen, sondern bemerkt auch ihre Banalität, Zusammenhanglosigkeit und Folgenlosigkeit. Die Werte, die er beständig im Munde führt, sind hohl und leer. Gustl gewinnt durch seinen Monolog keine Erkenntnis, der Erkenntnisgewinn liegt al-

TEILERGEBNIS

lein auf Seiten des Lesers. Die Titelfigur offenbart sich durch Denken, Fühlen und Handeln in scheinbar auswegloser Lage als eine Person ohne jegliche Individualität. Durch seinen Monolog offenbart er unfreiwillig seinen hohlen Charakter.

GESAMTERGEBNIS

Die Darstellung der Hauptfigur erfolgt im inneren Monolog, den Schnitzler im *Lieutenant Gustl* erstmals durchgängig anwendet. Die Person erscheint nicht mehr als Individuum. Sie löst sich in eine Vielzahl von Gedanken, Gefühlen und Erinnerungen scheinbar auf. Dabei sind diese Elemente oft nur noch in Ansätzen vorhanden und stehen zueinander im Widerspruch. Vergleichbare Tendenzen zur Auflösung des Individuums gibt es zur gleichen Zeit in der Psychoanalyse Sigmund Freuds und der Philosophie Ernst Machs. Der innere Monolog bei Schnitzler kommt der freien Assoziation der Psychoanalyse nahe, und Mach versteht den Menschen in seiner Philosophie des Empiriokritizismus als einen labilen Komplex von Wahrnehmungen und Empfindungen.

EINORDNUNG

Schnitzlers Untersuchungsgegenstände sind individueller Art und haben gesellschaftliche Relevanz. Leutnant Gustl, die Hauptfigur der Novelle, steht für einen gesellschaftlichen Typus.Er repräsentiert den Typus des Leutnants mit seinen gesellschaftlichen Deformationen in der Donaumonarchie vor dem Ersten Weltkrieg.

Das geistige und politische Klima der Entstehungszeit der Novelle ist in das Thema und die Gestaltung der Novelle eingegangen.

Aufgabe 3 *

Analysieren Sie die Struktur von Arthur Schnitzlers Novelle *Lieutenant Gustl*. Berücksichtigen Sie dabei die Darstellung von Raum und Zeit.

Mögliche Lösung in knapper Fassung:

GRUNDLEGUNG

Im Text sind vier Abschnitte erkennbar.

1. Im Konzert langweilt sich Gustl. Seine Gedanken sind bei dem Duell am nächsten Tag. Er mustert Künstler und Publikum. Ungeduldig erwartet er das Ende des Konzerts. Im Foyer gerät er mit dem Bäckermeister in ein Handgemenge.
2. Gustl gehen auf der Straße Gedanken über den Vorfall durch den Kopf. Er monologisiert über Handlungsmöglichkeiten und ist am Ende davon überzeugt, dass er zum Selbstmord entschlossen sei. Er läuft dabei durch das nächtliche Wien und schläft im Prater auf einer Bank ein.
3. Mit dem heraufziehenden neuen Tag wacht Gustl auf der Parkbank auf und beobachtet die Menschen um ihn herum. Er bekommt Angst und Hunger.
4. Beim Frühstück in einem Kaffeehaus erfährt er vom Tod des Bäckermeisters. Jetzt weiß niemand mehr von Gustls Schmach. Er genießt die Aussicht auf das Duell.

VORGEZOGENE ZUSAMMENFASSUNG

Die vier Abschnitte sind durch Thema und Verlauf, Handlung und Motive miteinander verbunden.

Die Novelle stellt eine Krise in Gustls Leben dar. Ihre Entstehung, ihr Verlauf und die Lösung werden im Detail ausgebreitet. Ihre Ursachen und Folgen werden analysiert.

Zwei Vorfälle machen Gustl handlungsunfähig. Nach seinen Vorstellungen muss er sich duellieren, darf es aber nicht mehr.

ERARBEITUNG DER TEILASPEKTE MIT ERGEBNISSEN

Ihm wird als Mann und Offizier die Anerkennung versagt. Mit seinem Verhalten nach den Vorfällen bestätigt er die Richtigkeit dieser Einschätzung. Durch die Vorfälle ist Gustl aus der Ordnung, die ihn trägt, herausgefallen. Er sucht nach Auswegen. Er schiebt die Schuld anderen Personen zu. Je länger er redet, desto mehr fällt die Fassade von ihm ab. Doch am Ende wendet sich sein Schicksal. Er ist gerettet – nicht durch Einsicht und Läuterung, sondern durch eine ironische Pointe des Schicksals. Das Duell kann stattfinden, sein Ausgang ist absehbar, und Gustl wird wieder von der gesellschaftlichen Ordnung getragen.

Dabei wird eine kreisförmige Struktur durchlaufen. Im Verlauf der Krise entfernt sich Gustl immer mehr von der Gesellschaft. Erinnerungen an die Familie und seine Kameraden nehmen in seinen Gedanken viel Raum ein. In der Nacht im Prater ist sein Abstand von der Gesellschaft am größten. Nach dem Erwachen wird die Verbindung mit der Gesellschaft wieder stärker. Er nimmt Anteil am Leben um sich herum. Als er im Kaffeehaus vom Tod des Bäckermeisters erfährt, erwachen seine Lebensgeister vollends. Er ist wieder der Alte.

Der äußeren Handlung korrespondiert ein inneres Geschehen. Gustl macht keine Entwicklung durch. Er gelangt zu keiner Einsicht. Die Novelle verläuft kreisförmig.

Die äußere Handlung ist genau bestimmt. Gustls Weg durch die Nacht lässt sich durch die exakten Orts- und Zeitangaben verfolgen. Die Handlung setzt abends im Konzertsaal ein und umfasst den Zeitraum bis zum nächsten Morgen, als er ins Kaffeehaus geht. Die Novelle strafft das Geschehen von acht Stunden und stellt es in der Innenansicht der Hauptfigur dar. Nach dem Zusammenstoß mit dem Bäckermeister Habetswallner tritt er auf die Straße, kommt am Café Hochleitner vorbei und irrt um 23 Uhr unruhig durch die Stadt. Er überquert die Aspernbrücke und gelangt mitten in der Nacht in den Prater, dessen zweites Kaffeehaus er in der Dunkelheit erkennt. Nach Mitternacht schläft er auf einer Bank ein und wacht um drei Uhr wieder auf. Als es langsam hell wird, macht er sich auf den Weg und kommt an der Tegetthoff-säule und am Nordbahnhof vorbei, wo er um halb vier auf die Uhr schaut. Er erinnert sich, dass er sich eigentlich um sieben Uhr hat erschießen wollen, und fragt sich, ob nach Wiener Zeit oder nach Bahnzeit. Nach dem Besuch einer Kirche gelangt er zur Ringstraße und geht zum Frühstücken ins Kaffeehaus, das gerade öffnet. Mit der Mitteilung vom Tod Habetswallners kehrt seine Aggressivität zurück, und er kann das Duell kaum erwarten.

Die Zeit spielt selbst dort eine Rolle, wo sie nicht exakt angegeben wird. Langeweile, Hast, Unruhe charakterisieren Gustls Verhalten und Denken.

Die Wiederholung und Variation von Motiven verknüpft die Abschnitte. Dem Besuch des Konzerts entspricht der Gang in die Kirche. Die Orgelmusik erinnert an das Oratorium vom Vorabend. Gedanken über Ehre und Duell, Erinnerungen an die Familie und die Kameraden, Überlegungen, was noch zu tun bleibt, und Vermutungen, welche Reaktionen sein Tod auslösen wird, wechseln assoziativ miteinander.

ZUSAMMEN-FASSUNG

Im Zusammenwirken der Erzählweise im inneren Monolog und der gestalterischen Mittel im Zusammenhang mit der Struktur entsteht die Einheit des Textes.

Aufgabe 4 *

Stellen Sie dar, wie sich Schnitzlers Novelle *Lieutenant Gustl* heute lesen lässt, indem Sie die Aktualitätsbezüge herausarbeiten.

Mögliche Lösung in knapper Fassung:

HINFÜHRUNG ZUM THEMA

Wegen seiner Themen wird Schnitzlers Bedeutung bisweilen auf die Zeit bis zum Ende der Donaumonarchie begrenzt. Die Darstellung der gesellschaftlichen Leere im Ehrbegriff, des Todes durch Duell und Selbstmord und die geschwundene Tragfähigkeit der Gesellschaft durch den aufkommenden Antisemitismus bezieht sich in der Tat deutlich auf die k. u. k. Monarchie vor dem Ausbruch des Ersten Weltkriegs. Die untergehende Gesellschaft zu Beginn des 20. Jahrhunderts stellt den Bezugspunkt für Schnitzlers Themen dar. Doch Schnitzlers Bedeutung reicht darüber hinaus.

ANALYSE

Die in der Novelle dargestellte Verhaltensnormierung und Fremdsteuerung einschließlich der Vorurteilsstrukturen sind von überdauernder Bedeutung. Gustls Persönlichkeitsentwicklung in Familie und Militär ist defizitär. Er hat sich die begrenzten Denk- und Verhaltensweisen seines Standes zu eigen gemacht. Sein Umgang mit Frauen und seine Äußerungen über Juden und Zivilisten charakterisieren ihn als Angehörigen des Offizierskorps als einer privilegierten Gruppe. Er unterwirft sich der Macht und Autorität.

ERGEBNIS

Die Ausrichtung des Verhaltens auf Machtstrukturen lässt an den autoritären Charakter im Sinne T. W. Adornos denken. Gustl hat es nicht gelernt, frei und verantwortlich in Anerkennung einer lebendigen Wertordnung zu leben.

Für Gustl besteht seine Ehre allein in seiner gesellschaftlichen Reputation. Er will bei Kameraden und Vorgesetzten anerkannt und in der Öffentlichkeit respektiert werden. Dafür tut er, was man von ihm erwartet. Je nach Situation ordnet er sich unter oder kostet seine Überlegenheit aus.

Das Militär ist für ihn die einzige Möglichkeit einer anerkannten Stellung, da er in seiner Person über keinerlei qualifizierende Merkmale aufweist. Auch in professioneller Hinsicht fehlen ihm die charakterlichen Merkmale, die als Gegenleistung für die anerkannte Offiziersstellung von ihm erwartet werden. Ihm fehlt es an Mut, und er steckt voller Aggressionen und Vorurteile.

FORTSETZUNG DER ANALYSE

Schnitzler interessiert sich für die Darstellung seelischer Vorgänge. Er verwendet dazu als erster in der deutschen Literatur den inneren Monolog. Im inneren Monolog lernt der Leser nicht nur Gustls Emotionen, Vorurteile und Einstellungen, seine bewussten und unbewussten Gedanken kennen, sondern bemerkt auch ihre Banalität, Zusammenhanglosigkeit und Folgenlosigkeit. Die Werte, die er beständig im Munde führt, sind hohl und leer. Gustl gewinnt durch seinen Monolog keine Erkenntnis, der Erkenntnisgewinn liegt allein auf Seiten des Lesers. Die Titelfigur offenbart sich durch Denken, Fühlen und Handeln in scheinbar auswegloser Lage als eine Person ohne jegliche Individualität. Durch seinen Monolog offenbart er unfreiwillig seinen Charakter.

Durch den inneren Monolog kann sich der Erzähler ganz zurücknehmen, und der Text gewinnt den Charakter einer psychologischen Untersuchung, zumal sich Gustls Weg durch die Nacht durch die exakten Orts- und Zeitangaben genau verfolgen lässt. Die Handlung setzt abends im Konzertsaal ein und umfasst den Zeitraum bis zum nächsten Morgen, alser ins Kaffeehaus geht. Die Novelle strafft das Geschehen von acht Stunden und stellt es in der Innenansicht der Hauptfigur dar.

ZUSAMMENFASSUNG

Schnitzler stellt die Hauptfigur nur im inneren Monolog dar. Die Person erscheint nicht mehr als Individuum, sondern sie löst sich in einer Vielzahl von Gedanken, Gefühlen und Erinnerungen scheinbar auf. Sie sind oft nur noch in Ansätzen vorhanden und stehen zueinander im Widerspruch. Vergleichbare Tendenzen zur Auflösung des Individuums gibt es zur gleichen Zeit in der Psychoanalyse Sigmund Freuds und der Philosophie Ernst Machs, der den Menschen als einen labilen Komplex von Wahrnehmungen und Empfindungen versteht. Der innere Monolog bei Schnitzler kommt der freien Assoziation der Psychoanalyse nahe und findet in der Literatur weithin Verbreitung bei der Darstellung seelischer Vorgänge.

EINORDNUNG

Gustl steht für einen gesellschaftlichen Typus. Die Novelle untersucht das Verhalten einer Person in einer krisenhaften Situation. Sie ist als Leutnant eine gesellschaftliche Schlüsselfigur. Ihre Vorstellungen von Ehre und Duell sind gesellschaftlich relevant. Die Novelle greift in die gesellschaftliche Auseinandersetzung ein und wird in der zeitgenössischen Politik instrumentalisiert. Am Duellwesen positionieren sich Individuen und Gruppen. Es bringt den Streit um Macht und Einfluss in der Gesellschaft auf den Punkt. Hier werden die Konfliktlinien zwischen Militär- und Zivilgesellschaft, zwischen Adel und Bürgertum, zwischen Konservativismus und Liberalismus deutlich. Als Reserveoffizier bietet Schnitzler für die angegriffenen Machtgruppen eine Angriffsfläche. An der Novelle lässt sich das Verhältnis von Literatur und Gesellschaft studieren.

VERTIEFUNG

BEWERTUNG

Mit dieser Charakterstudie und ihrer gesellschaftlichen Wirkung, der Darstellung des Individuumsund der Leistung des inneren Monologs weist die Novelle über ihre Entstehungszeit hinaus.

LITERATUR

Zitierte Ausgaben:

Schnitzler, Arthur: *Leutnant Gustl. Fräulein Else.* Husum/Nordsee: Hamburger Lesehefte Verlag, 2010 (= Hamburger Leseheft Nr. 211, Heftbearbeitung: Maike Barth). → Zitatverweise sind mit **HL** gekennzeichnet.

Schnitzler, Arthur: *Lieutenant Gustl.* Stuttgart: Philipp Reclam jun., durchgesehene Ausgabe 2009 (= RUB 18156). → Zitatverweise sind mit **R** gekennzeichnet.

Primärliteratur:

Schnitzler, Arthur: *Briefe 1875–1912*, hrsg. v. Therese Nickl u. Heinrich Schnitzler. Frankfurt/Main: Fischer, 1981.

Schnitzler, Arthur: *Jugend in Wien. Eine Autobiografie*, hrsg. v. Therese Nickl u. Heinrich Schnitzler. Wien: Molden, 1968.

Schnitzler, Arthur: *Tagebuch 1893–1902*, hrsg. v. Werner Welzig. Wien: Verlag der Österreichischen Akademie der Wissenschaften, 1989.

Sekundärliteratur:

Allerdissen, Rolf: *Arthur Schnitzler. Impressionistisches Rollenspiel und skeptischer Moralismus in seinen Erzählungen.* Bonn: Bouvier, 1985, Studien zur Literatur der Moderne, Bd. 11.

Doppler, Alfred: *Innerer Monolog und soziale Wirklichkeit. Arthur Schnitzlers Novelle „Leutnant Gustl".* In: ders.: Wirklichkeit im Spiegel der Sprache. Aufsätze zur Literatur des 20. Jahrhunderts in Österreich. Wien: Europaverlag, 1975, S. 53–64.

Foster, Ian: *Leutnant Gustl. The military, the press and prose fiction.* In: ders. u. Florian Krobb (Hrsg.): Arthur Schnitzler: Zeitgenossenschaften / Contemporaneities. Bern u. a.: Lang, 2002, Wechselwirkungen Bd. 4, S. 185–198.

Frevert, Ute: *Ehrenmänner. Das Duell in der bürgerlichen Gesellschaft*. München: dtv, 1995, Bd. 4646. → Umfassende Untersuchung des Duellwesens.

Jäger, Manfred: *Schnitzlers „Leutnant Gustl"*. In: Wirkendes Wort, Bd. 15, 1965, S. 308–316.

Johnston, William M.: *Österreichische Kultur- und Geistesgeschichte. Gesellschaft und Idee im Donauraum 1848–1938.* Aus dem Amerikanischen übertragen v. Otto Grohma. Wien u. a.: Böhlau, [4]2006. → Grundlegende Studie.

Keisa, Brenda: *Deadly dishonor. The duel and the honor code in the works of Arthur Schnitzler*. New York u. a.: Peter Lang, 1989, Studies in modern German literature, Bd. 33.

Knilli, Friedrich: *Lieutenant Gustl – ein k. u. k. Antisemit aus bundesrepublikanischer Sicht.* In: ders. (Hrsg.): Literatur in den Masenmedien – Demontage von Dichtung? München: Hanser, 1976, Reihe Hanser Bd. 221, S. 139–164.

Le Rider, Jacques: *Arthur Schnitzler oder Die Wiener Belle Époque.* Wien: Passagen Verlag, 2006.

Lindgren, Irène: *„Seh'n Sie, das Berühmtwerden ist doch nicht so leicht!". Arthur Schnitzler über sein literarische Schaffen.* Frankfurt/Main u. a.: Lang, 2002.

Mattl, Siegfried u. Schwarz, Werner Michael (Hrsg.): *Felix Salten. Schriftsteller – Journalist – Exilant.* Wien: Holzhausen Verlag, 2006.

Polt-Heinzl, Evelyne: *Erläuterungen und Dokumente. Arthur Schnitzler: Leutnant Gustl.* Stuttgart: Philipp Reclam jun., 2000 (= RUB 16017). → Schulpraktische relevante Darstellung.

Prechtl, Peter und Burkhard, Franz-Peter (Hrsg.): *Metzlers Philosophie Lexikon. Begriffe und Definitionen.* Stuttgart: Metzler, 1996.

Ritz, Szilvia: *Der Österreich-Begriff in Schnitzlers Schaffen. Analyse seiner Erzählungen.* Wien: Praesens Verlag, 2006.

Wilpert, Gero v.: *Sachwörterbuch der Literatur.* Stuttgart: Kröner, [8]2001.

Worbs, Michael: *Nervenkunst. Literatur und Psychoanalyse im Wien der Jahrhundertwende.* Frankfurt/Main: Athenäum, 1988, Bd. 107.

Zweig, Stefan: *Die Welt von gestern. Erinnerungen eines Europäers.* Frankfurt/Main: Fischer, [34]2003, Bd. 1152.

Internet-Adressen:

www.arthur-schnitzler.at

→ Website der Arthur-Schnitzler-Gesellschaft

www.ogl.at

→ Österreichische Gesellschaft für Literatur. Überblick über Texte, Biografien, Inhaltsangaben, Rezensionen, Referate, Unterrichtsmaterialien usw.

http://gutenberg.spiegel.de

→ Enthält eine reiche, Vollständigkeit erstrebende Textsammlung der deutschen Literatur. Schnitzlers wichtigste Werke sind vertreten.

Theaterstück:

Leutnant Gustl.

Komödie von Ernst Lothar nach Motiven von Arthur Schnitzler. Frankfurt am Main 1961 (Bühnenfassung unveröffentlicht).

Verfilmung:

Leutnant Gustl. BRD (Verfilmung für das Fernsehen/NDR) 1962.
Regie: John Olden.
Drehbuch: Norbert Kunze nach der Bühnenfassung von Ernst Lothar.
Mit Ewald Balser, Hans Moser, Kurt Meisel, Peter Weck, Christiane Hörbiger.

Lesungen auf verschiedenen Tonträgern:

Leutnant Gustl.
1960. Sprecher: Heinrich Schnitzler. Verlag: Amadeo.

Leutnant Gustl.
2001. Regie: Volker Gerth. Sprecher: Mathias Kahler.
Verlag: Langen Müller Audio Books

Leutnant Gustl.
2002. Sprecher: Miguel Herz-Kestranek.
Verlag: Preiserrecords.

Leutnant Gustl.
2002. Sprecher: Karl-Heinz Hackl. Verlag: Hörsturz.

Leutnant Gustl.
2002. Sprecher: Miguel Herz-Kestranek. Verlag: Otto Preiser.
Von der CD: *Travnicek auf Urlaub / Leutnant Gustl / Brief an den Vater Doppelconférenceu. a. Von Helmut Qualtinger, Gerhard Bronner, Karl Valentin, Arthur Schnitzler, Franz Kafka, Karl Farkas, Ernst Waldbrunn.*

Leutnant Gustl.
2003. Sprecher: Thomas Morris. Verlag: Argon.

Leutnant Gustl.
2004. Regie: Sven Görtz, Martin Pfeiffer. Sprecher: Sven Görtz.
Verlag: ZYX Music.

STICHWORTVERZEICHNIS